スペシャリスト直伝！

宇野 弘恵 著

担任の指導の極意

明治図書

はじめに

　初任でいきなり，あるいは，若い先生だけでの小１担任に戸惑っている……。様変わりする現代の１年生にどう対応すべきか悩んでいる……。そんな声があちこちで聞かれます。

　本書では，１年生が義務教育のスタートをスムーズにきり，学校生活に必要なことを身に付けていくための仕事・指導をリストアップしました。発達段階や特性に応じた指導の在り方を丁寧に記しました。学校や実態に合う形でアレンジしながらご活用ください。また，なぜその指導をするか，その準備が必要かという私の「教育観」「仕事観」「教師観」にふれながら手段や方法を示しました。ご自分の「観」に照らし合わせ，ご自分だけの「小１担任の極意」形成のモデルとしてお読みください。

　これまで出会った子どもたち，保護者のみなさま，職場やサークル仲間からの学びがあったからこそ，実践をまとめることができました。とりわけ１年生担任の先輩としてご指導くださった，小澤彰宜氏，山本一範氏，澤田瑞恵氏に心より尊敬と感謝の意を表します。そして，執筆の機会をくださり，遅筆でおっちょこちょいな私を見捨てず励まし続けてくださった編集の茅野現氏に深く感謝申し上げます。茅野さんのおかげで，実践を言語化し内在化していくことの必要性，無意識を意識化し，実践を理論付けることが力量形成につながることを学ぶことができました。

　本書が一人でも多くの先生と子どもたちの幸せにつながるならば，こんなに嬉しいことはありません。

　　　　　　　　　平成28年１月14日深夜　静かに舞う白い雪を眺めながら

目次

はじめに

1章 小1担任の仕事の全体像

1 小1担任の仕事 …………………………………………… 8
2 小1担任の基本的指導姿勢 …………………………… 10
3 小1担任の話し方の極意 ……………………………… 12
4 小1担任の指示・説明の極意 ………………………… 14
5 小1担任の聞き方の極意①（日常編）………………… 16
6 小1担任の聞き方の極意②（トラブル編）…………… 18

2章 入学式までの全仕事マニュアル

1 幼稚園・保育園との引き継ぎ方 ……………………… 20
2 入学式までのスケジュール作成 ……………………… 22
3 他学年・協力教員との打ち合わせ …………………… 24
4 特別支援学級との連携 ………………………………… 26
5 教室環境の整備 ………………………………………… 28
6 配布物の作成 …………………………………………… 30
7 名札等の確認 …………………………………………… 32
8 入学後1週間の週案作成 ……………………………… 34
9 入学後1週間分のお便り作成 ………………………… 36

10	入学式当日の台本作り① 入学式前の担任のシナリオ	38
11	入学式当日の台本作り② 入学式後の担任のシナリオ	40
12	入学式当日の台本作り③ 1日を過ごすためのシナリオ	42
13	入学式前日の最終チェックの仕方	44
14	入学式当日の身だしなみ	46

3章 入学式から1週間の全仕事マニュアル

1	入学式から1週間で育てたいもの	48
2	登校してから始業までの指導	50
3	靴箱の使い方指導	52
4	ロッカー・机の中の整理の仕方指導	54
5	提出物を出すルールの指導	56
6	あいさつと返事の指導	58
7	正しい姿勢・立ち方・座り方指導	60
8	よい聞き方・話し方の指導	62
9	自己紹介指導	64
10	鉛筆の持ち方指導	66
11	移動時の並び方・動き方指導	68
12	忘れ物・落し物指導	70
13	トイレの使い方指導	72
14	水飲み場の使い方指導	74
15	学校からのお便り指導	76

16	職員室指導・保健室指導	78
17	集団下校指導	80
18	交通安全指導	82
19	校内放送が入った時の指導	84
20	言葉遣いの指導	86

4章 入学式から1か月の全仕事マニュアル

1	入学式から1か月で育てたいもの	88
2	教室環境の整備	90
3	日直の仕事と指導の在り方	92
4	朝の会の指導	94
5	帰りの会の指導	96
6	係・当番活動の指導	98
7	休み時間の指導①（約束編）	102
8	休み時間の指導②（子ども対応編）	104
9	給食指導の仕方①（準備・片付け編）	108
10	給食指導の仕方②（マナー編）	112
11	掃除指導①（仕事の進め方・道具の使い方編）	116
12	掃除指導②（掃除の手順編）	120
13	学級通信の出し方	122
14	児童の見取り	126
15	学習準備定着のための指導	128

| 16 | 教科書の扱い方指導 | 130 |

5章 行事指導の全仕事マニュアル

1	行事指導の基本	132
2	運動会の指導	134
3	学習発表会の指導	136
4	遠足の指導	138
5	卒業式の指導	140

6章 保護者とのかかわり全仕事マニュアル

1	保護者対応のポイント	142
2	保護者会のポイント	144
3	家庭訪問のポイント	146
4	個人面談のポイント	148
5	初めての通知表と所見の書き方	150

1章 小1担任の仕事の全体像

1 小1担任の仕事

❶ 教えるべきは学校で学ぶことの楽しさ

　小1担任最大の仕事は，学校で学ぶ楽しさを教えることです。

　学校には色々な子がいます。得手不得手もそれぞれだし，生活背景だって千差万別。入学前の生活経験だって違います。保護者の生活観や価値観もばらばら。一人として同じ子はいないのです。

　多様な中で学ぶと，自分にはない新しい価値に出会うことができます。様々な考えの組み合わせにより，新しい価値が生み出されることも経験します。これは，決して一人ではたどり着けない学びであり，学校でなければ得られない学びです。

　塾の知識習得中心の授業やネット配信の授業では決して得られない，他者との融合の中で生まれる学びです。これこそが「学校で学ぶ楽しさ」であると私は考えます。

　社会は学校よりもっとたくさんの人や価値観で形成されています。そこで生きていくためには，自分にとって異質なものを排除するのではなく，理解し尊重し合うことが求められます。

　学校は楽しい，つまり，多様な価値観を知り理解するのが楽しいと実感できることが，社会で生きていくための土台になると考えます。1年生には，この喜びをぜひ味わわせたいものです。

❷ 小1担任の全仕事像

　他学年の担任にはない実務的な仕事は，入学（式）関係の準備，要録作成

にかかわる業務，保育園・幼稚園との連携（引き継ぎ）の3つしかありません。あとは他学年の仕事と大差はありません。とはいえ，入学準備に膨大な時間を割かれますから，やはり年度末，年度初めは大忙しです。

では入学前の事務仕事を終えれば，他学年の仕事と同じかといえば，決してそうではありません。

初めて出会う「学校の先生」である小1担任には，学校で生活する術を教えると同時に，学校の楽しさを実感させる使命があるのです。

1年生は色で言うなら真っ白。真っ白な画用紙の上に，担任が1つ1つ色を付けていくようなもの。

学校や学習に対する価値観の土台をつくるのが小1担任，と言っても決して過言ではありません。

【学校を教える】
　学校とはどういう場であるか，どうすべきかを教える。
・時間　・きまり　・しくみ　・場所　・使い方

【社会を教える】
　公の場ではどのようにふるまうべきなのかを教える。
・公私の区別　・マナー，礼儀，言葉遣い　・役割分担，責任

【学習を教える】
　学習の楽しさ，学習の方法について教える。
・学び方　・学ぶ楽しさ　・学習の習慣化

【人とのかかわり方を教える】
　円滑な人間関係を形成するための人とのかかわり方を教える。
・ポジティブな受け取り，評価　・距離感
・コミュニケーションのとり方

2 小1担任の基本的指導姿勢

❶ 小1担任は，子どもたちの北極星

　1年生以外の教師が廊下であいさつをしても，1年生はなかなかあいさつを返してくれません。それは，1年生にとって担任以外の教師は「先生」と認識できないから。1年生にとっての「先生」とは，担任だけなのです。それ以外の教師は，見知らぬ大人にすぎません。
　また，親がどんなにアドバイスしても，
「先生が，こうしなさいって言った」
と，がんとして助言を受け入れないということもよく耳にする話です。それほど小学校1年生にとっての担任は，大きくて絶対的な存在なのです。
　こう考えると，小1担任は，いつも同じ場所にいて，いつでもその存在を確かめられる北極星のようにあるべきだと考えます。
　道に迷った旅人が北極星を頼りに進むように，担任が道標となれば，子どもたちは安心して自分の足で歩くことができます。
　ですから教師は自分の言動に自信をもち，揺るぎない覚悟でいつも同じスタンスで子どもたちに指導しなくてはならないのです。
　そのためには，教師自身が哲学をもつことです。教師自身がどういう教育観や子ども観，指導観をもつのか，どういう指導を必要とし，どういう指導方法を選択していくのかを，自分自身で考えることだと思います。誰の受け売りでもない教育哲学をもつことが，ぶれない一貫した教育をすることになると考えます。

2 ぶれない軸と柔軟な姿勢

　一方で，柔軟な姿勢も大切です。ぶれないことと二律背反のように思うかもしれませんが，決してそうではありません。

　ぶれない軸をもちながらも，子どもの背景や心情に応じて捉え方や表現の仕方，指導方法を変えられる柔軟性が教師には必要だという意味です。

　1年生は，たった6年間しか生きていません。知らないこと，できないことがほとんどです。経験もありません。言葉も知らないし，善悪の判断も未熟です。

　しかし1年生には，あふれんばかりの生命力と瑞々しい好奇心があります。小学校という新しい広い世界にドキドキしながらも，自分の足で冒険しようという探究心もあります。本来もち合わせているはずのそういったものを，大事に大事に伸ばすのが教師の役目です。

　大人の思い通りに育たないからといって，脅したり叱りつけたりするのではなく，あたたかなまなざしをもって待つのです。どなりつけてやる気をなえさせることなく，教え諭しできた喜びをともに味わうのです。

　時には厳しく時には優しく，太陽となり北風となり，光り輝く彼らの可能性を信じ，ともに笑い，怒り，迷いながらずっとそばで励まし成長を見届けるのです。たった6年間しか生きていない子どもたちと感情をともにする，そんな柔軟性が小1担任には必要なのです。

　自分をわかってくれる大人がいること，信頼できる大人がいることは，安心感につながります。安心感は，思いきって挑戦したりとことん探究したりする原動力になります。失敗してもできなくても受けとめてくれる，そういう素地があるから人はチャレンジできるものです。北極星が定位置にいるのがわかるのは，いつも変わらず光を放っているから。同じ場所にあることと光を放つことの両方が揃って北極星が探せるように，ぶれなさと柔軟さの両方があって1年生に必要な指導が成り立つのです。

3 小1担任の話し方の極意

❶ 聞いてもらえる話し方

　学びの基本は，聞くことです。聞くことができないと，指示に従えないし説明もわかりません。わからない子の大半は，ちゃんと聞けていないのです。だからできないし，知識も技術も何も身に付かないのです。
　だから教師は「しっかり聞きなさい」と言います。そして，聞かせるための指導は不可欠です。しかし，きちんと聞きなさいと言う前に，自分自身を振り返ってみましょう。教師自身がわかりやすい話し方をしているでしょうか。聞きたいと思わせる話をしているでしょうか。
　大人だって，わかりづらい長い話を聞くのは苦痛です。ましてや相手は1年生。長くてつまらない話など聞かないのが当たり前です。
　教師は話すのが仕事なのですから，「先生が話すことは，おもしろくてわかりやすい」と思わせられなくてはなりません。

❷ 小1担任の話し方スキル

　わかりやすく話すためには，「短く」「わかりやすく」が基本中の基本です。そのためには，一文一義を徹底することが鍵です。

A　3時間目の避難訓練は2列に並んで行きますが，この時，素早く静かに並んで，危ないので走らないように気を付けましょう。
B　避難訓練は2列に並びます。静かに素早く並びます。危ないので走りません。

比べてみると一目瞭然。Ｂの方が断然わかりやすい話し方です。Ａのように一文三義だと，最後まで聞いたら最初の内容を忘れてしまいます。
　この文では，「３時間目の」「この時」「気を付けましょう」などの言葉がなくても意味は十分通じます。余計な言葉は極力カットし，必要な情報だけを話すようにします。
　また，語尾によってもわかりやすさが変わります。
　Ａは「〜ましょう」，Ｂは「〜ます」です。他にも「〜しなさい」「〜してください」などがありますが，違いは何でしょう。
　Ｂは聞いたままの言葉が直接自分に働きかけるため，自分ごととして認識しやすいのです。
　「〜ましょう」「〜してください」は自分ごととして捉えづらく，「〜しなさい」は命令形なので反発心をあおる可能性があります。場面による使い分けが必要です。
　ところで，思わず聞き入ってしまう話とは，どんなものでしょうか。
　敬愛する大村はま先生は，「心の中に，百のお話を」とおっしゃいます。（『灯し続けることば』大村はま・著，小学館，2004年）
　とりたてていいお話でなくてもよいのです。通勤途中で見付けたことや，日常生活の中で感じたこと，そんな些細なことを毎日の話題にすればいいとおっしゃいます。
　肝心なのは，その事実を，どんな言葉で，どんな価値を付けて，どんな話し方をするかです。教師が感じた心の動きを，いかに子どもの心に届くように話すかなのです。教師の心の動きを生き生きと伝えられたなら，子どもたちは自ずと教師の話に耳を傾けることでしょう。
　朝の会での連絡事項も，ただ伝えるだけでは一人一人の心には響きません。教師のレンズを通して見たことをエピソードとして添え，生きた話として子どもの中に落としたいものです。
　微妙な心の動きや表面からはわからない物事の趣を感じ取れるアンテナ，言葉への豊かな感性がもてるよう，教師も日々心を磨いていきたいものです。

4 小1担任の指示・説明の極意

1 活動の前には，説明と指示

　活動の前には，必ずどのような活動をするかという説明をします。説明のあとには，どのように活動するかという指示をします。つまり，説明と指示がきちんと伝わらなければ，適切な活動をすることができないのです。
　説明や指示が伝わるためには，前項で述べたように「一文一義」「語尾に気を付けること」が大切です。つまり，子どもが当事者意識をもって理解できるよう，簡潔明瞭な話し方をすることが肝要です。
　しかし，それだけでは十分とは言えません。より効果的な話し方の手立てや工夫を次に示します。

2 具体的な手立てや工夫

❶予告・確認・フォローをする
　「鉛筆を1本出します。筆箱をしまいます。プリントに名前を書きます」
　一文一義ではありますが，1年生は一度に3つの指示を覚えきれません。恐らく，筆箱をしまうか，名前を書くかの指示が曖昧になるでしょう。そこで，次のような手立てをとります。
　「先生は，これから3つのことを言うよ。先生の言う通りにできるかな」（予告）
　「1つ目。鉛筆を1本出します。出したら手を挙げます」（確認）
　「お！　早いね。よういちくん，よくできたね」（フォロー）
　「2つ目。筆箱をしまいます。しまえたら手を挙げて」（確認）

「3つ目。プリントに名前を書きます。書けたら鉛筆を置きます」（確認）
「隣の人の名前が書いてあるかチェックします。書けていたら手を挙げます」（確認）
「ひろえちゃん，隣の人に書く場所を教えてくれたの？　ありがとう。親切だなあ」（フォロー）
　向山洋一先生は，「スモールステップでの指示・説明の重要性」を繰り返し説かれています（『授業の腕をあげる法則』向山洋一・著，明治図書，1985年）。記憶メモリーが少ない1年生には，特に必要な教育技術です。

❷視覚化する

　指示をチェックリストのように板書します。文章にせず，キーワードで示すのがポイント。端的に指示を読むことができるため，ストレートに理解することができます。

【板書例】
☐えんぴつ　→　1ぽん　だす
☐ふでばこ　→　しまう
☐プリント　→　なまえ　かく
☐えんぴつ　→　おく

　音声だけの指示と違って，いつでも自分で確認することができます。子どもも安心して活動することができます。

❸再話させる

　一通り話し終わったら，ペアで再話させ合います。理解の確認とわかっていない場合のフォローを同時にすることができます。また，アウトプットすることで，記憶が強化されます。

❹手で示す

　言葉だけで伝わらない時には，手を添えて教えます。座るという指示に従えない子のそばで「座ります」と言い，同時に手を添えて座らせます。そうすることで，言葉と行動が一致します。

❺具体例で示す

　一通り言葉で説明したら，具体的に動いて例示します。教師が自分で行ってもいいですし，数名の子たちに見本として行わせてもよいのです。
　具体的な姿がイメージできると，迷わず行うことができます。

5 小1担任の聞き方の極意①
（日常編）

1 日常会話の基本は傾聴

　1年生は，聞いてもらいたがりです。大人のようにじっくり味わうことなどせずに，出会った感動をすぐに話したがります。

> C「先生，学校に来る途中，ちょうちょを見たよ」
> C「先生，今日ね，おばあちゃんが来るの」

　ありふれたやりとりの時でも，子どもの「話したい（伝えたい）」という思いを受けとめ，口を挟まずに聞きます。目線を合わせ，うんうんとうなずきながら聞きます。そして，一言二言コメントを返します。

> T（ちょうちょを見たよ）「わあ！　もう春になった証拠だね」
> T（おばあちゃんが来るの）「それは楽しみだね。早く会いたいね」

　中には，言いたいことをうまく話せない子もいます。

> C「先生，あのね……今日ね……僕，プール行くんだけど……」
> T「そうなんだ。プールに行くんだ。うれしいのかな？」
> C「うれしくないの。何か，ちょっと風邪気味だから……」
> T「そうか，風邪気味だから心配なんだ」

　このように，肯定的な言葉で相槌を打つことと，子どもの話に出てきた言

葉を繰り返すことで，先生は話を聞いてくれたと受けとめます。小さな積み重ねが，先生はちゃんと聞いてくれるという信頼と安心感を生みます。

❷ 不調やトラブルの訴えにこそ傾聴

　中には看過できない内容のものもあります。1つは，体にかかわることです。小さければ小さいほど，体調は心の状態に影響されやすいものです。1年生が「おなかが痛い」「頭が痛い」と訴えてくるのは日常茶飯事。「またか」と軽く扱わず，おでこやおなかに手を当てて話を聞きます。「いつから痛いの？」「朝ご飯食べてきた？」などと会話をしながら様子をみます。

　大事なことは，体調を鑑みながら，自分はどうしたいのかを，自分で言えるようにすることです。自分の体のことは自分が一番わかっているはず。大事な体のことを人任せにするのではなく，体と会話しながら自分で決められることが大事だと考えています。

　ですから，緊急の場合を除いて，もう少しがんばれるのか，それとも耐えきれないから保健室で休みたいのかを，自分の口で言わせるようにします。

　ただし，最初から全員ができるわけではありません。うまく言えない子には，「どうしたいの？」「保健室に行きたいの？」などと尋ねながら，自分で決める経験を積ませます。たとえ，「大丈夫」と子どもが言ってもそのままにせず，「元気が出るふりかけ」を子どもに向かってふりかけます（「元気が出るふりかけ」は，北海道稚内市立富磯小学校教諭の高橋正一先生の追実践です）。これをふりかけるだけで，楽しく元気な気持ちになります。

　看過できないもう1つのことは，けんかや暴力の類。どんな小さなことでも，必ず双方から話を聞きます。些細なけんかや暴力を見過ごせば，それが大きなトラブルにつながることもあります。1つ1つ丁寧に聞き解決することが肝要です。

6 小1担任の聞き方の極意②
（トラブル編）

1 徹底した事実の洗い出し

　けんかやトラブルがあった場合，1年生は自分の正当性を主張します。あるいは，どんなに被害を受けたか，どんなに相手が悪いかを強調します。
　1年生は自分を中心に物事を捉える発達段階にあるため，ある意味やむを得ないことだと思います。ですから，一方的な捉え方しかできないことを「わがまま」「自己中心的」とひとくくりにして叱るのではなく，視野を広げ状況を俯瞰できるような経験を積ませることが大切だと考えます。
　自分に事情や言い分があるのと同じように，相手にも主張したいことがあること，自分が事実だと思っていることの他に，相手のレンズを通した事実があること，思い方や感じ方で事実は変わることがわかるだけで，随分と視野が広がります。
　そうすると，物事を様々な角度から推察することができ，やがてけんかを回避することができるようになります。そのためには，まずは事実をつき合わせることです。
　最初に，次のように話します。
　「みんなを叱るために呼んだのではありません。話を聞くために呼んだのです。したことを正直に話せば，決して叱りません。でも，嘘を言ったりごまかしたりした時は，ものすごく怒ります。嘘を言って逃げようとするのは卑怯なことだし，自分のしたことを反省していないのと同じだからです」
　それから白紙を中心に置き，メモをとりながら話を聞きます。途中で口を挟ませず，一人ずつ時系列に沿って具体的に聞きます。
　暴力があった場合は，「された個所（聞くと同時に怪我の度合いを確認）」

「回数」「強さ（再現させる）」「角度」「殴り方（グーか，パーかなど）」を根気よく聞きます。話が食い違ったら，再度，あるいは周りで見ていた子を呼んで確かめます。

とはいえ，1年生は，事実の食い違いが多々あるものです。すぐに嘘だと判断せず，思い込みや思い違い，忘れていることはないかを聞きます。自分以外のことはよく見えない1年生にじっくり思い出させることも大事ですし，ごまかそうとしている子に逃げ道をつくることも大事です。

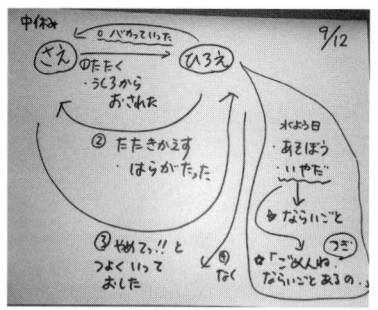

❷ 自己省察できるような聞き方

大抵の場合，けんかの原因は思い込みや思い違いがほとんどです。叩いたのではなく肩がぶつかっただけということも多々。そんな時は悪意がなかったことを伝え，回避方法を考えさせます。また，故意に叩いた場合でも，事実を丁寧に確認し自分の行為を冷静に振り返られるようになります。暴力への指導はしますが，きつく叱る必要はありません。自分の非がわかっていれば，素直に「ごめんね」と言えるように促します。

1年生のうちから，事実と感情を区別しながら問題を整理する経験を積むか否かが，その後の人間関係づくりに大きく影響します。頭ごなしに決めつけて叱ったり，とりあえずの謝罪でお茶を濁す指導をしたりを繰り返せば不満が残り，子ども同士の関係を悪化させます。その蓄積が子ども間の力関係を生んだり，修復不可能な不仲な関係にしたりします。1回1回の「もつれ」を大人がきちんとほどいてあげることが本当に大切だと思います。それは，問題は解決できるんだ，というポジティブな思考，人はそんなに悪くないという信頼，人にはそれぞれの考え方があるという多様な見方を育てることにもつながるのです。

2章　入学式までの全仕事マニュアル

1　幼稚園・保育園との引き継ぎ方

❶ 保育士や幼稚園教諭に感謝と尊敬の念を

　この仕事をしていると，子どもは実に多くの人の手によって育てられていることに気が付きます。担任から担任へ，あるいは学校から学校へと，教育とはリレーのようだと思います。

　小学校に上がる前の数年間，保育園や幼稚園は，集団教育の場で子どもを育ててくださいました。意思の疎通もままならない手のかかる年齢の子たちを，丁寧に育ててくださいました。

　集団生活のイロハや友達とのかかわり方，大人は信用してもよい存在であることもきっと教えてくださったでしょう。

　まずはそのことに敬意を表し，謹んでバトンを引き継ぐという姿勢を示すことが大切です。

　時々，保育園や幼稚園について「しつけがなっていない」などと非難する声を耳にすることがあります。これは大変失礼なことだと思います。

　何より，こちらがそういう姿勢でいて，相手は腹を割って情報を伝えてくれるでしょうか。互いの役割に敬意をはらいつつ，手塩にかけて育ててこられたお子さんを，今度は私たちがお預かりしますよ，そんな真摯な気持ちでいることが大事ではないでしょうか。

　「大事なバトンをしっかり引き継ぎます！」

　そんな思いをもって接したいものです。

2 具体的な引き継ぎ事項

　可能であれば，保育園や幼稚園に実際に足を運ぶのがよいでしょう。それが叶わない時には，電話でお話を伺います。

　どちらにしても，先方に貴重なお時間を割いていただくということを忘れず，要点を絞って短時間で済ませることが肝要です。入学前に知っておきたい情報は次の3つです

①集団生活の様子
②家庭環境
③身体的特徴

　特に重視したい観点について，以下に記します。

---

①集団生活の様子
・長時間（何分くらい），落ち着いて話を聞くことができるか。
・どの程度の交友関係を結んでいるか。広いのか狭いのか。
・大きなトラブルやけんかについて。けんかになる原因は何か。暴力的，すぐ泣く，支配的，パニックになるなどの特徴はないか。
・行動の速さ，着衣やものの管理はどうか。

②家庭環境
・過度と思われる要求や訴えはないか。
・特筆すべき家庭環境はないか。

③身体的特徴
・持病。あるいは，特別な配慮を必要とする事例はないか。

　事実のみではなく，指導における成功例と失敗例を聞いておくことがポイントです。特に失敗例については，その時どのように対応したかを伺うことによって，同じ失敗をさせないという予防策につながります。

2 入学式までのスケジュール作成

❶ 着実に確実に迅速に準備するためのチェックリスト

　担任が決まってから入学式までの準備期間はほんのわずか。自治体によっては3日間しかないというところもあるようです。

　短時間でたくさんの準備が必要な小1担任。そして，漏れや間違いがあってはならない小1担任。仕事を煩雑にせず，段取りよく行うために「入学準備チェックリスト」を作成することをおすすめします。主な項目は，入学式までのスケジュールとやるべき仕事内容。リスト作成に当たっては，
・提案文書
・前年度の記録
・現1年担任からの情報
・書籍や教育雑誌等
をもとにするとよいでしょう。学校が変わっても仕事の内容が大きく変わることはありませんから，一度作っておくと大変便利です。他学年担任時にも応用がききます。

　ポイントは以下の通りです。
・担当者を明記すること（責任の所在をはっきりさせておくことが漏れ防止につながります）
・関係者全員に配布すること（情報共有が漏れ防止につながります）
・見えるところに掲示しておくこと（常に見えることが意識の向上につながります）
・終わったものから消すこと（達成感がわき，仕事の見通しがもてます）

平成○年度　1年生　入学準備

月 日	曜	行事予定（午前）	行事予定（午後）	業務内容	担当	○
4月1日	金	職員打ち合わせ 職会（8:30～）	分掌引き継ぎ	・学年目標決定・作成	みんな	
				・学年通信作成（1週間分）	福山	
				・教室経営計画・作成（壁・黒板）		
4月2日	土			・クラス発表名簿		
				・机・椅子・ロッカー・靴箱名前シール作成		
				・配布物一覧作成		
				・名前シールクラス分け		
				・家庭環境調査票クラス分け		
				・職員会議提案文書作成		
				・名簿氏名相互確認		
				・集団下校・下校支援員確認		
				・学年業務分担		
				・教材選定	みんな	
				・転入生確認	松坂	
4月3日	日			・机上セット計画・プリント作成	福山	
				・入学式詳細日程作成	福山	
				・ノート規格確認	松坂	
				・持ち物規格確認	松坂	
				・アレルギー・既往症確認	みんな	
				・初めの指導計画（1週間分）	福山	
				・6年生にしてもらうお仕事確認	宇野	
				・座席表作成	松坂	
4月4日	月	職員打ち合わせ 職会（8:30～）	分掌会議（13:30～）	・机椅子確認	各自	
				・児童名簿確認	教務・担任	
4月5日	火	職員打ち合わせ 職会（8:30～）	分掌会議（13:00～）学年打ち合わせ 特支・通常学級打ち合わせ（15:00～）	・出席簿	宇野	
				・学級通信	各自	
				・要録整理	各自	
				・家庭訪問計画	教務・各自	
				・住宅地図作成	みんな・宇野	
				・留守家庭児童会入会児名簿確認	教務・各自	
				・ネームカード	各自	
				・掃除当番	各自	
				・給食当番・おかわり・お残しルール	各自	
				・掲示用個人目標	各自	
				・氏名印整理	教務・各自	
				・なんでもメモ	各自	
				・給食システム	宇野・各自	
				・日直システム	宇野・各自	
				・朝の会・帰りの会システム	宇野・各自	
				・ノートの取り方	教務・各自	
4月6日	水	・新6年生登校（9:00～）・前日準備		・机の中の使い方	教務・各自	
				・教室確認	各自・みんな	
				・配布物確認	各自・みんな	
4月7日	木	・始業式・入学式				

（学年でやること／基本的に担任がやること）

> 入学式までのスケジュールを一覧にすることで，時間の見通しをもつことができます。

> やることをリストアップします。これらは，全て入学式前までに終えておきたい（ねばならぬ）ものです。できるものからどんどんやっていきます（左側の日程の通りにやるということではありません）。優先度の高いものにチェックを付けておくのも good idea!

> できたものから○を。進行状況が一目でわかる上に，1つずつ仕事ができ上がっていく達成感が得られます。

2章　入学式までの全仕事マニュアル　23

3 他学年・協力教員との打ち合わせ

① 入学式にかかわるお願いごと

　飾り付けや前日準備など，たくさんの教員の手を借ります。新年度はどの教諭も多忙ですから，分担決定後は速やかに内容をお知らせします。

　もちろん，口頭ではなく印刷物を手渡しながら説明することが必須。飾りなどの製作物は，イラストや写真などで例示すると親切です。互いがスムーズに仕事を進めるために，期限を決めてお願いします。

　また，前日に6年生が準備に加わるケースも多いようです。その場合は，特に時間と仕事内容を明確に示す必要があります。完成形や注意事項が書かれた画像を黒板に掲示しておくとよいでしょう。そうすると複数学級ある場合も，どの教室も同じように準備することができます。

❷ 入学後のお願いごと

入学したての１年生に，どんな支援が必要か挙げてみます。

❶個人的な支援
　・自分の靴箱，ロッカー，コート掛けに自分のものをしまう
　・着席して待つ　・名札を付ける　・トイレに行く
　・登校する　・自宅に帰る

❷集団的な支援
　・給食準備　・掃除

　学校で最も保障されなくてはならないのは安全です。怪我や事故なく安全に学校生活を送れるようにすることが何よりも大事です。

　安全を確保するという観点で考えると，優先的に支援しなくてはならないのは登下校です。学校や自治体によって取り組み方は違いますが，児童が無事に登下校できるように付き添ったり見守ったりすることが必要です。

　集団登校，下校の場合は，①集合場所，②集合時の動き，③留意点について事前にお知らせします。また，児童にも同様の指導をしておきます。

　スムーズに行動するということも，集団生活の中では大切なことです。早く場所や手順を覚えるために６年生が個人的な支援を担う場合も多いようです。６年生には，事前に，視線を合わせて話す，言葉と同時に動作で指示することをお願いしておくといいでしょう。

　同時に，１年生にも礼儀正しく接することを指導しておきます。目上の人やお世話になる方に，節度をもって感謝の気持ちで接することを教えます。

　給食，掃除についてどの程度支援していただくかは，どのような学級や子どもに育てたいかという担任の教育観によります。支援していただく場合は，担任のビジョンを示した上で成長の妨げにならないかかわり方をお願いします。

4 特別支援学級との連携

1 対象児童を知る

　まずは，対象児童について共通理解を図ることです。特別支援学級担任と一緒に保育園・幼稚園から引き継ぎを受けられるのが最良です。
　そうでない場合は，引き継ぎを受けた教諭から，その子にかかわるスタッフが，全員同時に対象児について聞きましょう。
　これはかなり重要なことです。情報発信者は常に同じ内容を同じ表現で，同じ熱をもって話すわけではありません。その時によって微妙に変化するものです。ちょっとした内容の違いが理解の違いにつながり，指導の違いにつながります。同時に聞けば，受け取り方の差異については確認することができます。同時に聞いたあと，一緒に情報を整理・確認する時間を設けることが理想です。

❶対象児童について共通理解したいこと
・性格や能力，身体的な特徴
・困り感がどこにあるか
・好きなこと，嫌いなこと
・得意なこと，苦手なこと
・興味関心の高いもの
・家庭環境，保護者の意向や願い，考え方
・保育園，幼稚園での支援の仕方
・医療や専門機関との連携の様子
・パニックなど緊急時における手立て
・配慮事項

・うまくいった指導，うまくいかなかった指導とその過程

❷ 具体的な３月の姿を到達目標に

　共通理解ができたら，到達目標を決めます。具体的な３月の姿を思い描くことで，どうかかわるかを考えます。

●学習面（３月の姿）　自分で問題を読んでふさわしい答えが書ける。
　　（そのためにはまず）50音を読めるようになる。
　　（だんだんと）一人で文章を読めるようになる。
　→（そのためには）文字や文章にたくさんふれさせたい。
　→（だから）教室より，個別指導がよいのでは。
　→（だから）国語と算数は特別支援学級で。
●生活面（３月の姿）　友達と会話をしたり，遊んだりできる。
　　（そのためにはまず）友達の顔と名前を覚える。
　　（だんだんと）自分から話しかけられるようになる。
　→（そのためには）教室で過ごす時間が必要だ。
　→（でも）人見知りで，大勢の人がいると萎縮する。
　→（だから）必ず特別支援担任が一緒に教室に入る。
　→（そうすれば）多くの活動を一緒にできる。

　目標は，学習面・生活面だけではありません。また，実際に児童と会ってみて，目標や手立ての変更や修正も必要になってくるでしょう。
　大切なのは，考えの道筋を共有していることです。この指導は，何のために行っているかを自覚していれば，多少やり方が違ってもたどり着くところは同じです。それが，共通理解のもとに指導するということだと思います。
　また，これらの方針が決まると，テストや教材はどうするか，給食や掃除，日直のさせ方，あるいは名前の呼び方や特定場面での対応の仕方についても自ずと方向性が見えてきます。

5 教室環境の整備

❶ 楽しくうれしい気持ちになる掲示物の工夫

　入学は慶事です。「おめでとう」の気持ちがこもった，明るくあたたかい掲示にしましょう。

　最も目立つ黒板には，すぐに子どもに覚えてほしい「学校名」「学年・学級」「担任名」を貼ります。写真のように，担任名をバラバラに掲示すると，自己紹介の時の「ネタ」になります（詳細は38ページで紹介します）。

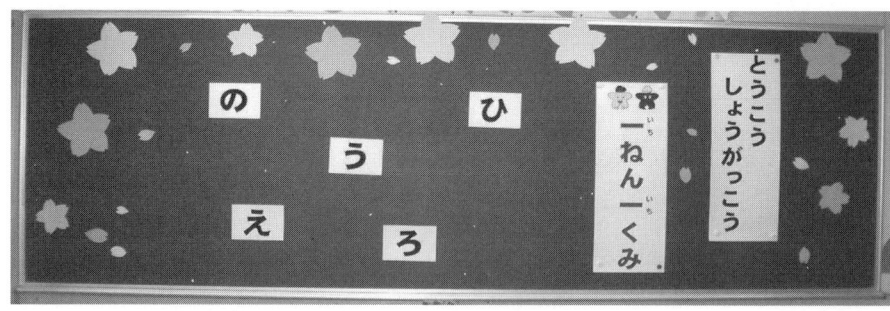

　また，教室内に座席表があると便利です。教室の入り口付近に掲示するのがよいでしょう。

　装飾物作成には時間と手間がかかります。学校によっては，作業を学年で分担しているところも多いようです。そうでなければ，準備時間と相談しながら装飾物を作成します。過去のものを上手に活用するのもよいでしょう。

❷ 整理整頓をする

　教室整備というと華やかな装飾ばかりがイメージされます。手入れされた

お肌にお化粧が映えるように，教室が美しく清掃され整理整頓されたところに装飾も映えるものです。

床や壁を磨くことはもちろん，鏡や窓，棚やロッカーの隅々まで美しい状態にしておきます。

【清掃・整理整頓チェックリスト】
□床，壁に目立つ汚れやほこりはないか。
□窓や鏡，テレビの画面にくもりや汚れはないか。
□ロッカーや棚の中や上にほこりがたまっていないか。
□黒板やテレビ，蛍光灯の上にほこりや汚れはないか。
□黒板のチョーク受けに粉が残っていないか。
□不要な掲示物はないか。画鋲が刺さっていないか。
□学級文庫など並べてあるものの向きが揃っているか。
□教師の机上や棚は，整然としているか。

ところで，教室を美しく整えることにどんな意味があると考えますか。

　人を大切にするということは，人に喜びを与えることである。

これは，イエローハット創始者の鍵山秀三郎氏の言葉です。

教室をきれいに整えると，気持ちがよいのは自分だけではありません。そこに集まる全ての人が，清々しくさわやかな気持ちになります。

つまり，入学前に教室を整えるのは，そこに来る子どもたちがあたたかな気持ちなるためであり，保護者の方々に気持ちよくいていただくためなのです。

そんな心構えで教室を整えると，「作業」が「思いやり」になるのではないでしょうか。

6 配布物の作成

1 必要な配布物の洗い出し

　初日はたくさんの配布物があります。保護者の立場になってみるとあまりにもたくさんありすぎて，何が何だかよくわからないものです。どれが重要でどれがそうでもないのか，そもそも全部あるのかないのか，それすらもわかりません。

　そこで，保護者には次のようなプリントを配布します。これがあれば，どんなプリントが配布されたかが一目瞭然。安心感満載です。

　ちなみに，配布物は全て事前に配っておきます。過不足のないように，何度も丁寧に見直すことが肝要です。

平成○年度　新1年生学用品配布一覧

★机の上に，下記の学用品が置いてあります。品名や数の確認をお願い致します。
★全てのものに必ず記名してください。

≪教科書・書籍関係≫
①国語　②算数　③音楽　④図工　⑤生活（そよかぜ）
⑥書写　⑦道徳副読本
⑧教科書のお知らせと注意事項

≪ノート関係≫
①国語ノート　②算数ノート　③自由帳　④連絡帳

---

①クレパス　②ファイル　③跳び縄　④書き方ペン（太・細）
⑤算数セット　⑥工作板　⑦小学生の歌
⑧粘土セット　⑨体育帽子（組別）
⑩名札⇒下校時，教室のボードにかけておく

≪プリント関係≫……ファイルに挟んであります
①学年通信　②着任のごあいさつ
③新1年生学用品配布一覧

※通学路別リボン
⇒ランドセルの左側に結び付けてください
　（留守家庭児童会入会者は，黄緑色の細いテープも結んでください）

❷ 熱い思いを伝える学年通信第1号

　学年通信第1号には，緊急度の高い情報を記載します。「お知らせ」「お願い」だけではなく，なぜそうしてほしいかという趣意を記載することで，担任団の方針を伝えることができます。

> 学年団としてのごあいさつは，読んで気が引き締まり，前向きになる文面を心がけます。担任団の決意と保護者とともに進んでいこうという思いが伝わるとよいでしょう。

> 学習予定は，1年生が自分で読んで準備できるよう，ひらがなで記述します。

> 持ち物の細かい規格については，学級での学習規律などに沿って出します。この号では，趣意説明まで載せることができませんが，何かの折に伝えることが必要です。

> 持ち物への記名のお願いは必須です。1年生のうちにしっかり身に付けることを保護者とともにめざしたいものです。

2章　入学式までの全仕事マニュアル　31

7 名札等の確認

① 元データを数名で確認

　以前，知り合いからこんな話を聞きました。
　入学式の日，喜々として学校へ行くと，表示されていた子どもの名前が全て「ちづこ」が「ちずこ」と誤記されていたのだそうです。
　実は1日体験入学でも同様のことがあり，母親である知人は，子どもが寂しい思いをするので入学式では間違いのないようにお願いします，と頭を下げてきたのだそうです。学校側も，
　「以後，このようなことがないように気を付けます」
と言ったのに……。知人は，この学校，大丈夫？　細かいところまで，気を付けてくれるのかしら？　と不安になったと言います。
　小学校入学という一大イベントの日の間違いには，信頼や信用を一瞬にして失わせてしまうほどの威力があります。
　特に，親の願いや思いが込められている名前に関する間違いは，大きなイメージダウンです。「名前の間違い＝我が子の存在を軽んじている」と受け取られかねません。
　一度失ってしまった信頼を取り戻すことは，容易ではありません。ですから，安心せず，誰か一人に任せきりにせず，細心の注意をはらって名簿の確認を行いたいものです。
　ところで，名前の間違いはどの段階で生じるのでしょうか。
　昔は1つ1つ手書きで名札を作成しました。最近では様々な便利ソフトのおかげで，元データ1つで何種類もの名札が作れるようになりました。
　ところが便利である半面，元データで間違えてしまうと，全ての名札を間

違えてしまうリスクもあります。というわけで，最も大切なのは元データの確認ということになります。大抵の場合，教育委員会からの名簿をもとに，元データを作成します。間違いが生じるのはこの時です。
　「委員会からの名簿をもとにしているから大丈夫」
と安心せず，数名で確認することが肝要です。

❷ 全員分あるかも確認

　名札は次の場所に貼ります。

・靴箱　・ロッカー　・コート掛け　・机　・椅子

　元データが正しいかを確認できれば，コピーたちも正しいはず。しかし，念には念を入れて全て確認しましょう。
　この時，字の間違いにばかり気をとられてしまいがちですが，「全員分あるか」という視点も大事です。特別支援学級の児童や，ぎりぎりに引っ越してきた子の名前が抜けているという場合も考えられます。
　また，ご家庭の都合で突如名字が変わるというケースもあります。最新の元データを常に手元に置きながら，確認するのがよいでしょう。

　ちなみに，掲示物を貼る時に，年度末の片付けを想定しておくことも大切です。
　シールの下にビニールテープを貼っておくと，時間が経っても簡単にはがすことができて便利です。この項の趣旨とはやや離れますが，ものをきれいに使うことも大事な指導ですね。

2章　入学式までの全仕事マニュアル

8 入学後1週間の週案作成

1 学校という社会での生き方を教える

　1年生は勉強に憧れています。お兄さん，お姉さんのように勉強がしたいのです。教科書を開いて，ノートに何か書き込んで，「うーん」とうなずいたり，「できた！」と言ってみたりしたいのです。
　しかし，残念ながら1年生にとって，最初に学ぶべきことは教科の学習ではありません。
　学校という社会でどうやって生きていくかということを学ぶのです。言わば，学校で学ぶための土台の部分を学ぶのです。
　まずは，学校生活に必要なことを洗い出します。登校してから下校するまでの活動を思い出しながら，時系列順に洗い出していくとよいでしょう。そうすると，
　「学校についた時，子どもたちはどうするんだろう？」
　「あ，和式トイレって使えるのかな？」
と，1つ1つについて疑問がわいてきます。
　保育園や幼稚園でも経験しているから大丈夫だろうということでも，一応書き留めておくのです。場所や条件が変われば，わからなかったりできなかったりするもの。小学校では小学校のやり方を教えることも必要です。
　とにかくあらゆることを洗い出したら，次はリスト化。優先順位を決めていきます。その後，時間割や行事なども考え合わせながら，いつ指導するかを考えます。指導は，その事項だけを取り上げてすることもありますし，教科の中で取り上げて行うこともあります。1時間にいくつかの事項を取り上げる場合もありますが，1年生が咀嚼できる量にとどめることが肝要です。

1年生の初めの指導
しつけの3原則「あいさつ・返事・あとしまつ」

7日（木） 1日目 入学式	あいさつの仕方 返事の仕方 学校，学級，担任の名前
8日（金） 2日目 集団下校 10：10整列 10：20下校	朝のあいさつ 健康観察 登校後の支度の仕方 連絡帳の出し方，しまい方 あいさつや返事の練習 トイレの使い方 水道の使い方 ロッカーの使い方（ランドセルのしまい方） コート掛けの使い方 靴箱の使い方（靴のしまい方） 傘たての使い方 プリントの配り方，しまい方（折り方・綴じ方） 集団下校班の並び方 帰りのあいさつ
11日（月） 3日目 集団下校 10：10整列 10：20下校	学習用具の出し入れの仕方 机の中，机のフックの使い方 廊下の歩き方 提出物の出し方 並び方，歩き方の練習 通学路，登校，下校の仕方 休み時間の過ごし方
12日（火） 4日目 8：18入場　朝会 集団下校	道具箱（引き出し）の使い方 筆箱・ノート・下敷きの使い方 教科書の使い方 色々な整列の仕方（1列・2列・背の順・出席順）
13日（水） 5日目 集団下校	
14日（木） 6日目 1年生給食開始	給食指導
15日（金） 7日目	

9 入学後1週間分のお便り作成

1 連絡はこまめに細分化が原則

　我が子を初めて小学校に入れる保護者にとって，学校生活は未知の世界。少なからず学校生活への不安を抱いているものです。特に持ち物やきまりがわからない，見通しがもてない，人間関係やどう過ごしているかが見えない場合に不安を覚える傾向があるようです。

　不安が募ると，必然的に学校への質問が多くなります。度重なる質問は，学校側の連絡の不備・不親切を意味します。これは不安感の強い保護者のニーズを無視していることと同じです。「学校は大ざっぱ，不親切」と保護者が評価してしまうと，その後の良好な関係づくりを難しくする可能性もあります。ですから，連絡は「まめに」「詳細に」が基本なのです。そこで，入学してから1週間は毎日学年通信で必要な情報をお知らせします。これには3つの利点があります。

　1つ目は，情報が数回に分散されるため，確かめながら読めることです。いくら重要事項といっても，一度に咀嚼できる量には限界があります。

　2つ目は，学校（担任団）は丁寧に対応してくれるという安心感につながることです。細かな連絡は，細やかな心遣いを意味します。やがてそれは，細かいことにも耳を傾けてくれる，保護者の気持ちに寄り添って対応してくるという安心感になり，学校（担任団）への信頼につながります。

　3つ目は，学年が足並みを揃えて教育していることが伝わることです。学級通信ではなく，学年通信で伝える意図がここにあります。クラスによって情報量に差があると，それはすぐに不信感につながります。複数の手で子どもたちを育てているという姿勢は保護者にとって頼もしいものなのです。

4月の生活目標・元気よくあいさつをしよう

○○小学校 1年 学年通信 きらきら No.2
平成○年○月○日

がんばった入学式

たくさんのおうちの方にご列席頂いた入学式。元気ににこにこ歩く姿、少し緊張気味の顔・・・。どの子も入学の喜びに輝いていました。あいにくの雨まじりの天候でしたが、91名のぴかぴかの笑顔のおかげで素敵な入学式になりました。
今日から、本格的に学校生活が始まります。
学校生活に慣れ軌道に乗るまでは、戸惑いや失敗、小さなハプニングなど多々あることと思います。その都度担任と子どもたち、保護者の皆様と心を通い合わせながら進めて参りたいと思っております。ご家庭でも、どうぞお子さんのお話に耳を傾け、応援して頂けると幸いです。

給食エプロンについて

本校では、給食準備時に各自自宅から用意したエプロン、三角巾を使用しています。エプロン・三角巾は、衣服を汚さないということはもちろん、衛生面から見ても欠かせないものです。ご家庭には、多大なご協力をいただかなくてはなりませんが、清潔なもの、1年生が着用しやすいものをご準備頂きたいと思います。
給食が始まる14日（木）までにご準備下さい。当番であるなしにかかわらず、着脱の練習もかねて全員使用します。基本的には1週間ごとの持ち帰り、汚れた場合は随時持ち帰りと考えています。ご協力よろしくお願いいたします

参観日について

16日は全学年参観日になっております。2時間目「国語」の学習をご覧いただきます。その後PTA総会、学級懇談会を行います。学級懇談会では、担任挨拶の他、学級役員さんを選出させて頂きます。
たくさんの方のご来校をお待ちしております。

がくしゅうよてい

	11（げつ）	12（か）	13（すい）	14（もく）	15（きん）	16（ど）
ぎょうじ	2じかん	3じかんたんしゅくにっか	3じかん	きゅうしょくかいし	たんしゅくにっか	ぜんこうさんかんびPTAそうかい
1	がっこうのいきかえり	こくご	こくご	さんすう	こくご	せいかつ
2	どうぐのだしかた	たいいく	さんすう	たいいく	さんすう	こくご
3		おんがく	せいかつ	ずこう	おんがく	
4				ずこう	どうとく	
じゅんび		ろっかーにいれるものたいいくぼう		えぷろん、さんかくきんくればうたいいくぼう		
	※10:30	※11:20	※11:40	※1:30	1:30	10:20

きょうか	
こくご	たんげんめい
しょしゃ	うれしいひ
せいかつ	はるのつうがくろ、ともだちづくり
さんすう	なかまをつくろう、くらべよう
おんがく	どうようになってあそぼうよ
ずこう	ぼくのかお、わたしのかお
たいいく	しゅうだんこうどう、おにあそび
どうとく	たのしいな
がっかつ	
ぎょうじ	

短縮日課について

12日、15日は市教研研修日、職員会議のため短縮日課となります。
通常の学習時間を5分短縮して授業を行うことになります。
帰宅時刻が変わりますので、ご確認下さい。

4月の生活目標・元気よくあいさつをしよう

○○小学校 1年 学年通信 きらきら No.4
平成○年○月○日

やる気満々

入学して今日が3日目です。お子様の様子はいかがですか？2時間授業では物足りなくて、家でエネルギーをもてあましている子。逆に学校でエネルギーを使い果たしぐったり疲れている子。一人ひとり様子は違うと思います。もちろん学校でもそうです。やんちゃ坊主に、おしまさんに、にぎやかな子に、大人しい子、実に様々です。でも、一人ひとりの子どもに共通しているのは輝く瞳です。やる気に満ちあふれている子どもたちに、私たち担任もがんばるぞ！という決意を新たにしたところです。
今、どの学校でもがんばっていることは「最後まで、人のお話を聞くこと」です。これは、集団生活を行う上で、ひいては社会生活を営む上でとても大切なことです。これができてこそ「しっかり考える力」「最後までやり抜く力」等が伸びるのだと考えます。しばらくはここに重きを置きながら学習を進めて参ります。
どうぞご家庭でもお子様に励ましのお言葉をかけてあげてください。

こんな事もがんばっています・・・

1年生はやる気に満ちあふれています。何でも一生懸命にがんばろうとしています。入学式の日におうちの方にお手伝い頂いたことも、自分の力でやり抜こうとがんばっています。たとえば・・・
- 名札を自分でつける・・・安全ピンに悪戦苦闘しながらも、一人でやろうとしています。
- かばんに道具をしまう・・・かばんにうまくおさまらなくても、何とか自分で出し入れしようと奮闘しています。
- 荷物を自分でもつ・・・ロッカーに保管していただきたいものを、少しずつ持ってきました。重たい荷物もがんばって運んでいます。

※ 小学校では、自分のことは自分でできることが当面の目標です。赤ちゃん扱いせず、できる事はできるだけ本人にまかせるということが大きな成長につながります。

おねがいとおしらせ

- 持ち物全てに記名を。お手数ですが、小さなものへも記名下さるようお願いいたします。
- ジャンパーの掛けひもを付けてください。掛けひもがないとコート掛けからずり落ちてしまいます。
- ハンカチ、ティッシュは、ポケットに入れて必要な時にいつでも取り出せるようにしてください。
- 連絡帳は、必要がある場合は記入し朝のうちに提出してもらいます。記載のある場合は「今日、連絡帳出してね。」とお声かけ下さい。また、帰宅後は担任からの記載がないかご確認ください。

給食が始まります！！！

いよいよ14日より給食が始まります。「早く給食始まらないかなぁ。」「まだなの、給食。」という声があちこちから聞こえてきます。子どもたちは、給食を心待ちにしているようです。初めのうちは「全部食べられた！」「おいしかった！」という思いを持つことが大切です。みんなで楽しく食事をすることで、苦手なものも食べられるようになるようです。苦手なものも一口は食べるという声かけを行っていきますので、ご家庭でもご指導いただきたいと思います。

- エプロン
- 三角巾
- はし
- おしぼり
- ナフキン

それぞれひとまとめにして袋に入れてください。

※前号では記載はしませんでしたが、給食時に全員上記のものをお持ちいただきたいと思います。マナーよく食べることも給食指導の一つです。食事中立ち歩かないためにおしぼりは必要です。お手数ですがご準備をよろしくお願いいたします。

2章 入学式までの全仕事マニュアル　37

10 入学式当日の台本作り①
入学式前の担任のシナリオ

1 入学式前は，最優先事項を3つ

　入学式前の短学活が，1年生にとっての学級開きです。学級づくりのスタートですから，担任が1年間大事にすることを凝縮して指導します。
　短時間であることと入学式を控えているということを鑑みて，以下の3点に絞って指導します。

- 担任の顔と名前を教える。簡単な自己紹介を28ページのバラバラ文字を使って行う。
- 「姿勢」「あいさつ」「話す・聞く」を教える（学びの基本的な姿勢とスキルである）。
- 入学式での見通しをもたせる（見通しがあることで安心し，失敗しない。先生の指導に従えば大丈夫という信頼にもつながる）。

　しっかり学級開きをしなくては，滞りなく入学式を終えなくては……と，伝えるべきことや手順の確認ばかりが頭の中をめぐります。
　しかし，入学式前の1年生は，思いのほか緊張しているもの。柔らかな笑顔を携え，ゆったりとした雰囲気をつくり出すのも担任の仕事です。
　ぬいぐるみ等の力を借りて場を和ませるのも，1つの方法です。

2 入学式前のシナリオダイジェスト

❶朝のあいさつ

　先生が

「朝のあいさつです」

と言ったら，みなさんは，

「はいっ！」

と言います。（例示のあと実際にやってみる）

　今度は，

「はいっ！」

と言ったあと，素早く立ちます。床に足の裏をぺったんと着けていると素早く立てます。（例示後実施）大変上手に立てました。指がピンと伸びて気を付けの姿勢も立派です。では，先生に続いておはようございますと言います。おなかをぴんと伸ばして，たくさん息を吸います。先生のお耳に声をプレゼントしてくださいね（よさを認めた後着席）。

❷自己紹介（28ページの黒板の掲示を利用する）

　先生の名前は（バラバラ文字を並べながら）うのひろえといいます（声に出して言わせてみる）。

　学校では，みんなといつも一緒にいます。先生はみんなのアンパンマンです（ぬいぐるみやイラストがあるとよい）。困った時にはすぐに助けに行くよ。

❸入学式の説明

　入学式は，今日から１年生だよ，がんばるよ，という式です。体育館ではたくさんの人が「おめでとう」って拍手をしてくれます。にっこり笑顔で歩きましょう。体育館では椅子に座ります。座る場所は，６年生が教えてくれます。入学式では「みなさまお立ちください」と言われます。言われた通りにできるかな（実施後よさをほめる）。校長先生が話す時，お顔を見て聞きます。校長先生がどんなお顔だったかあとで教えてください。

11 入学式当日の台本作り②
入学式後の担任のシナリオ

❶ 熱く語るべきは，教師の教育観

　入学式の中で一人一人呼名する学校も多いでしょう。そうであっても，私は，教室で再度呼名することにしています。

　式中の呼名は1つの儀式です。大勢の前でしっかり返事ができることに価値を求めます。しかし，教室での呼名は，担任と子どもを直接結ぶ役割があります。式中の呼名は公の責任を果たすもの，教室の呼名は私的な関係を結ぶもの，そう解釈しています。

　よって，教室での呼名は一人一人と目を合わせ，かみしめるように言います。

「はっきりしたいいお返事です」
「笑顔がとても素敵です」

など，一人一人のよさを握手しながら話します。式中の姿をほめるのもよいでしょう。

　呼名後は，担任が一番大事にしていることを話します。絵本の読み聞かせを組み込むのも効果的です。

　体験（呼名・絵本）したことが，教師の語りによって価値付けされることで，実感や納得を生みます。

　ここでの語りは，自分が教師としてどんな教育観をもっているかと大きくかかわります。ネタの羅列でこの時間をプログラムするのではなく，自分の教育観を伝えるためにどういう方法やネタが有効かという思考が必要です。

　教室後方にいる保護者に，一貫した教育観を伝える意味でも大事にしたい時間です。

❷ 入学式後のシナリオダイジェスト

　1年1組のみなさん（返事をさせる。よさを承認）。にこにこ顔で歩けましたね。さすが1年生です。とってもよくがんばりましたね。

　どんな校長先生でしたか？（女性か男性か，背は高いか低いかなど2択でテンポよく質問。内容を聞くのもよい。顔を向けて聞いていたから答えられることを伝える）

　今度は一番いいお返事を宇野先生に聞かせてください。どのお返事もすごくよかったし，どの人の名前もとてもいい名前です。名前を付けた人は，きっとみなさんが幸せになるようにと願いを込めたのだと思います。（時間があれば絵本の読み聞かせ。前言と関連する内容のもの。例：『しげちゃん』室井滋・作／長谷川義史・絵，金の星社，2011年，『いのちのまつり』草場一壽・作／平安座資尚・絵，サンマーク出版，2004年など）

　名前は一人に1つずつ，命と同じですね。1つしかない大事なものですから，どちらも大事にしなくてはなりません。お友達をばかにして心を傷付けたり，暴力で体を傷付けたりしてはいけません。これが，先生とみなさんの一番の約束です。

　保護者のみなさま，お子さんのご入学おめでとうございます。大切なお子さんを確かにお預かりいたしました。命が一番大切であるという安全指導を第一に，しっかり学習できる子，友達とあたたかくかかわれる子を育ててまいります。担任団4名で力をあわせて指導いたします。ご支援，ご協力をよろしくお願いいたします。

12 入学式当日の台本作り③
1日を過ごすためのシナリオ

1 出勤から「さようなら」までを具体的にイメージ

　入学式に最も緊張しているのは1年生です。未知の世界に踏み込み、知らない人だらけの中で1日を過ごすのですから。

　普段しない失敗をしたり、普段はできるのにできなかったりということがあるものです。

　不測の事態が起きた時に、担任が切羽詰まった顔であたふたしていると、子どもも保護者も不安な気持ちになります。ですから、担任はいつでも落ち着いて笑顔で対応することを心掛けましょう。

　そのためには、心に余裕をもつことが必要です。1日の流れを詳細に把握し、1日の見通しをもつことが大切です。

【1日の流れのシナリオの作り方】
- 「出勤」「朝の打ち合わせ」「入学式前」「入学式中」など、朝から順に活動項目を洗い出す。
- 提案文書で確認しながら、時系列に並べる。
- 提案文書にない隙間の動きを考える。具体的に自分の動きをイメージすることがポイント。
- 忘れてはならない指導や、教師の指導言をシナリオにして入れておく。
- 完成したら、学年はもちろん、関係する教職員全員に配布する。
- 遊び心のある楽しい日程表を作ると、和やかな雰囲気で打ち合わせができる。

こうやって進むんだぞ！　入学式

朝（〜8：05）
- いつもより早起きし，できれば7時30分までに出勤。宇野はちょっぴり念入りに化粧（福山，松坂は，うっかり化粧しないよう注意）。
- 学校に着いたら，元気よくあいさつをして気合いを入れる。
- 1日の日程を再確認して一安心し，コーヒーをすする。
- 教室（机，ロッカーなど），下駄箱，出席簿などの最終チェックをし，さらに安心してコーヒーをすする。

職員打ち合わせ（8：05〜8：15）
- 打ち合わせの最後に起立し，みなさまにお礼とお願い，今後の抱負についてドカーンとかます（教室設営。入学式まで諸々の準備と学担に対する配慮。交通安全指導並びに集団下校の付き添いのお願い。今後の抱負など）。
代表：福山

着任式前（8：15〜8：40）
- 松坂は5年生教室，福山は3年生教室に行って学級指導。事前指導と，おしっこ，入場準備を指導する。
- 宇野は，全校の子どもの前でのあいさつを心の中で練習。余裕をかましながら，コーヒーをすする。

着任式・始業式（8：40〜9：50）
- 8：40入場。福山は，新5年生が気になるが，とりあえず知らんぷりをする。
- 宇野は，簡単にしかしながらちょー元気にあいさつをかます。
- 始業式の担任紹介では，校長先生に言われたらステージの前に立つ。（不気味な）スマイルを漂わせること。
- 担任紹介が終わったら職員室に戻り，コーヒーをすする。コーヒーをすすりながら，子どもたちと保護者の方々へのお話を確認し合う。
- 配布物の最終確認。これで，全て準備OK！　安心してコーヒーをすする。

入学式前（9：50〜10：30）
- 受付を開始したら教室に行き，カワユイ1年生と保護者を迎える。
  【ポイント】元気なあいさつを心掛けるが，あまり大きな声でビビらせてはいけない（宇野，顔が怖くならないよう注意）。
- かばんをロッカーにしまわせ，上着を掛けさせる（6年生にお願い）。
- 笑顔を保ちつつ，名札を付ける。
- 全員揃った頃を見計らって，トイレタイム。
- 出席番号1，2番の子に，入場経路を説明。他の子には，そのあとに付いてくることを，しつこく言う。
- 今日のめあて，しっかりお話を聞くことを話す。
- 「新入生のみなさんは前を向いてください」，立つ，座る，などの練習。
- 10：20，出席番号順に廊下に並び，手をつないだ状態で待機する（頼りになる6年生のお手伝いに頼りまくる）。（保護者は10：25に入場）

入学式（10：30〜10：55）
- いよいよ入場。出席番号順に2列で「1組」→「2組」→「3組」の順に。子どもたちの速さに合わせてしっかり前を向き，胸を張って歩く。
- 1，2番の子から順に座らせる。自由に動き回りながら座らせる。全員座ったら，自分の席に座る（特等席）。
- 行儀の悪い子は，そっと注意しに行く（でも，バレバレになることは間違いない）。
- やっとこさ退場。「3組」→「2組」→「1組」の順に，2列で退場して教室へ。
- 1組，2組，3組の順にトイレタイム。

※本実践は旭川市立旭川第三小学校小澤彰宣教諭に教えていただきました。

13 入学式前日の最終チェックの仕方

❶ 漏れ，間違いがないかの最終チェック

前述したように，名前の漏れや間違いは，致命的です。「世の中に完璧などない！」と言い聞かせ，何度もしつこく確認しましょう。

【名前のチェックリスト】

	机		玄関の貼り出し名簿
	椅子		教室内外の名簿
	ロッカー		座席表
	コート掛け		受付名簿
	名札		読み上げ名簿

❷ 整っているかの最終チェック

教室がきれいなだけではなく，机や椅子がまっすぐ並んでいたり，配布物が揃えられていたりすると，さらに整然として見えます。

配布物は順番や向きが揃っているのはもちろん，角がピタッと揃っていると美しく見えます。こんなふうに整っている教室に入ると，教師の本気，心意気を感じますね。

また，靴箱の中に前年度の掃除忘れがないかチェックするのもお忘れなく。学校全体の取組みにはなりますが，廊下やトイレ，体育館のチェックもしたいものです。

【清掃個所のチェックリスト】

	床		掲示物
	窓・鏡		配布物
	入口戸の窓ガラス		玄関
	棚などの上		靴箱
	教師用机の上		廊下
	ごみ箱		体育館
	黒板		トイレ

❸ 把握しているかの最終チェック・日程，動き

　42ページに記載した「1日の流れ」を見ながら，関係者全員で流れと動きを確認します。

　かなり詳細な計画を立てているつもりでも，必ず死角はあるものです。配布物をどこまで保護者に説明するかということや，配る時間，廊下に並ぶ時刻や下校時刻など，間違うと全体に迷惑をかけてしまうことは，再度確認すると安心です。

　前日までに幾度となく繰り返されてきたであろう打ち合わせですが，自分はその時どう動くのかを具体的にイメージして参加することが肝要です。

　「よし，できる限り手は尽くした」と安心できる前日準備であるといいですね。

14　入学式当日の身だしなみ

❶　「すっきり」「さわやか」「さりげなく」がポイント

　入学式にかかわらず，社会人としてＴＰＯを意識した身なりを心掛けるのは当然のことです。

　やがて社会人として世に出ていく子どもたちのよき手本となる意味でも，教師という立場を明確に示すという意味でも，公的な場（とりわけ式典）にふさわしい身なりに努めたいものです。

❶髪型

　髪を染めるのは，今や「おしゃれ」の範疇。しかし，明るすぎる茶髪や，頭頂部の色落ちはだらしなく見えます。また，奇抜すぎる髪型も見苦しいものです。できれば式前に美容室（理容室）で髪形を整え，すっきりとしたいものです。

　女性で髪飾りを付ける場合も，髪の色に合う落ち着いた色やデザインを選ぶと品がよく見えます。

❷服装

　女性の場合，リクルートスーツではなく，フォーマルなスーツが多いようです。黒よりも春らしいパステルカラーが主流で，ツーピースやワンピースもＯＫという学校もあるようです。男性の場合はグレーや紺が無難。

　初めての１年生担任の場合は，前年度の写真を見たり先輩たちに相談したりして決めるのがいいでしょう。

女性の場合，長すぎるスカートは動きを妨げます。裾を踏んでしまって転倒……ということもあるそうです。短すぎるスカート丈，胸の大きく開いたブラウスは下品に見えますので注意が必要です。

❸その他
　爪は清潔に！　女性のマニキュアも，清楚なものならOKです。アクセサリーは真珠のネックレスがベスト。しかし，指導の邪魔になるもの，華美なものは避けましょう。黒のスーツでも，小さめのコサージュを付けると改まった感じになります。
　また，スーツにスニーカーという，時々学校で見かけるスタイルですが，決して素敵ではありません。スーツの色に合ったシンプルな皮靴やパンプスを準備しましょう。高すぎるヒールが不向きなことは言うまでもありません。
　あくまでも，主役は1年生。準主役は保護者。担任が一番に目立ってはいけません。きちんとしたさわやかな身なり，お祝いの気持ちが表れるような身だしなみを心掛けましょう。

3章 入学式から1週間の全仕事マニュアル

1 入学式から1週間で育てたいもの

❶ 学校とはどんな場所かを知る

　多くの子どもにとって，小学校入学はうれしく誇らしいものです。しかし，新しい環境への緊張や不安もあります。なぜでしょう。それは，

- どこに何があるかわからない
- どんな時間枠になっているかがわからない
- 誰が誰だかわからない

からです。

　新採用で初めて学校に勤めた時，あるいは異動で新しい学校に赴任した時のことを思い起こしてみてください。

　コートを脱いでいざ掛けようとしたけど，職員用のロッカールームがわからない。事務用品はどこにあるの？　そもそも，それって，使ってもいいの？　昼休憩は何時まで？　何時に退勤していいの？　「アンケートは今日中に山田先生までに提出」って言われたけど，山田先生って，どの先生？

　いかがですか。不安になりますよね。緊張しますよね。1年生はまさにこの状況です。でも，この学校で1日を過ごすのに必要な最小限のことがわかれば，学校生活に見通しをもつことができ，徐々に不安が解消していきます。

　よってこの1週間は，「知る」「わかる」ための時間なのです。そして，教師は，「知る」「わかる」ための指導に全力を注ぎ，1日も早く安心して登校できるようかかわることが大切なのです。

2 教師を信頼する

　前述したように,この1週間は「知る」「わかる」に重きを置く期間です。教師サイドから言うと,「教える」ばかりの1週間とも言えるでしょう。

　「教える」というと,「上意下達」がイメージされます。そして,「〜べき」「〜ねば」「〜なさい」的発想の指導が多くなりがちです。

　もちろん,入門期において基礎・基本をしっかり教えることは大切です。しかし,「しっかり教えること」と「上から押さえ付けるように教えること」は同義ではありません。

　私は,相手が1年生の子どもであっても,なぜそうすべきなのかについてきちんと趣意を伝えるべきだと考えます。

　幼さゆえに全ての子が理解できないかもしれませんし,全部を理解しきれないかもしれませんが,きまりやマナーの裏にはちゃんとした意味があることを伝えることが大切だと思うのです。

　そういった小さな積み重ねが,なぜそうすべきかと自分で考え判断して行動する子を育てることになると考えるからです。

　小さくて大人の思い通りになりそうな1年生には,ついつい力尽くで言うことを聞かせようとしてしまいます。まっさらで純粋な1年生であるからなおのこと,物事の根本が見えるように育てたいと考えます。

　一人の人間として大事にされている,尊重されているという実感がもてるよう,丁寧にかかわりたい1週間です。

　そんな積み重ねが,教師への信頼につながるのではないでしょうか。

3章　入学式から1週間の全仕事マニュアル　49

2　登校してから始業までの指導

1　指導事項をピックアップ

　登校してから始業までの時間はそう長くはありません。そして，やるべきこともたくさんあります。よって，この時間に身に付けさせることは，次の3点に絞られます。

・必要な支度を自分でできるようになること
・時間内に準備ができるようになること
・準備後，安全に待つことができるようになること

2　自立するための支援

　そのためにはまず，何をどうするかという行動の手順を覚えさせることです。そして，それに慣れ，できるようにすることです。
　しかし，これらを担任一人で行うのはなかなか至難の業。そこで多くの学校では，入学後1か月程度，6年生が朝のお世話に来てくれるところが多いようです。もちろん，担任もそばに付いて指導しますが，6年生には次のようにお願いします。

・靴箱やロッカー，教室の場所がわからずに困っていたら教えてあげる。目印などを一緒に伝えてほしい。
・準備に手間取っていたら，本人の了解を得てから手助けをしてほしい。

- 掲示物（下記）を見ながら行うことを教えてほしい。
- 全てをやってあげるのではなく，コツを伝えながら一緒に行ってほしい。
- ものは丁寧に扱い，美しくしまう手本を見せてほしい。

　大事なのは，6年生がいる間だけできればよいのではなく，6年生がいなくなったあとにできているように支援してもらうこと。

　そのためには，「目印を伝える」「全てをやらない」「見本を見せる」などの手立てを取り，お手伝いではなく自立に向けた支援をしてもらうことが肝要です。

　そもそも，たった1か月の支援で，全員が完璧にできるようになるわけがありません。ですから完璧をめざすのではなく，できない時にどうすればよいか，どうしていくとできるようになるかという見通しがもてるようなかかわり方をお願いするのです。

　また，1年生にも甘えるのではなく，困った時には頼るというスタンスでかかわることを教えたいです。

　無条件で助けられるのではなく，「手助けしてもらいたい」「お願いします」と自分から言えることも大事な力だと考えるからです。むやみに赤ちゃん扱いせず，自分の意思を伝えられるような場面設定が大切です。

```
　　　　　　　がっこうに　ついたら　すること
①コートや　ぼうしを　かける
②べんきょうどうぐを　つくえのなかに　いれる
③せんせいに　わたすものを　だす
④ランドセルを　ロッカーに　しまう
⑤なふだを　つける
⑥トイレに　いく
⑦じぶんの　せきに　すわる
　　　　　　　　7つ　できたかな
```

　拡大コピーして，黒板の前面に掲示します。壁に掲示しただけでは意識が向きません。毎朝掲示し，確認することで意識付けられます。

　6年生の手助けがなくても，掲示物を見て自分でできるようシフトチェンジできるような指導が必要です。

3 靴箱の使い方指導

❶ 自分の靴箱の特定

　まず大事な指導は,「自分の場所に入れる」ということです。いやいや,そんなの当たり前にできるでしょうと思うかもしれませんが,1年生にとっては,これだって難事。「自分の場所」の特定ができない子だっているのです。

　そこでまず,自分の名前が貼ってある場所に入れることを教えます。学校によっては,名前ではなく番号で場所を示していることもあります。その場合は,自分の番号を間違いなく覚えておくことが前提になります。

　また,シールを貼る場所によっては自分の場所がどこかわかりにくいことも考えられます。確実に判断できるところに貼る配慮もお忘れなく。

次に大切な指導は,「外ばき」と「上ばき」を分けて入れられるようにすることです。「そと」「なか」のように明記しておくことも大事ですが,なぜ分けて入れるかを考えさせることはもっと大事です。

1年生でも,校内をきれいに保つため,汚して人に迷惑をかけないためということを理解することはできます。

❷ はきものを揃える指導

「はきものをそろえると　心もそろう」という有名な詩があります。藤本幸邦氏の詩です。

もともとは道元の教えで,自分が落ち着いて行動できているかを考えなさい,つまり自分自身を常に見つめなさいという教えだそうです。

また,はきものを揃えることは,ものを大事に扱う,買ってくださった人への感謝の気持ちをもつことにもつながります。

このような指導の入り口として,靴をきちんと揃えてしまうことをしっかり身に付けさせたいものです。

そこで,次のような授業をします。

①靴たちが,何かおしゃべりしています。一体,何を話していると思いますか。
②「おうちに帰りたいよー」
　「かかとが曲がっていて,痛いよー」
　「落ちちゃうよー」など
③靴たちを助けてあげるには,どうしたらいいかな？
④「まっすぐ入れてあげる」「かかとを伸ばしてあげる」「自分の場所にちゃんと入れてあげる」など
⑤助けてくれてありがとう。みんなの靴も泣いちゃわないように,毎日ちゃんとおうちに入れてあげてね。
※実際に靴を動かせる資料を作成するとより効果的です。

4 ロッカー・机の中の整理の仕方指導

① 個人の快・不快よりも，みんなの快・不快

　机は，学校で最も身近な個人スペースです。時々，
「個人のものなのだから，汚くたって誰にも迷惑がかからないだろう」
という子がいます（もちろん1年生ではありません）。本当にそうでしょうか。
　高学年でも，何日も前のプリントが丸まって入っていたり，教科書やノートがぐっちゃぐちゃに刺さって入っていたりする場合が（結構）あります。
　こんな机を運ぼうと持ち上げると……。中からだだーーっとものが雪崩のように出てきたり，重すぎて持ち上げられなかったりします。整理整頓されていないから，ものが外にはみ出て落ちていることもあります。
　ロッカーについても同様です。ロッカーからものがはみ出していると，その前を通る時に引っ掛かってしまいます。小さな1年生は転んでしまうかもしれません。ものを取るのも時間がかかるかもしれません。
　何より，乱雑であると，教室が落ち着きません。私物の整理整頓は，一見「個人の問題」のように思いますが，公的な場においては「みんなの問題」であるのです。
　ですから，ロッカーのかばんの向きを揃えたり，はみ出さないようにしまったりしなくてはならないのです。机の中だって整理整頓しなくてはならないのです。
　もちろん，個々の美意識を育てるという視点もあります。しかしそれ以上に，自分の行為が，周りにどう影響しているかを考えられる子どもに育てたいと私は考えます。個人の快・不快が行動基準ではなく，みんなにとって快か不快かという視点をもたせることが肝要と考えます。

❷ 丁寧な初期指導

　机の中もロッカーもどうあるべきかという「正のモデル」が必要です。下記のような掲示物が活躍します。

　前項の「朝の手順」と同じように，毎朝黒板に掲示します。掲示するだけでなく，毎朝確認することで意識化されていきます。それがやがて定着につながるのです。

　できていない場合には，そのまま放置せずに手直しをさせます。それでも十分でない場合は，教師が自ら整えることも大事です。常に正のモデルを教室に示し，快の状態に慣れさせるのです。快の状態が当たり前になると，乱れていることが不快に感じるようになります。そういう美意識を育てるためにも，初期指導は丁寧に繰り返し行うことが大切です。

❶机

　教科書やノートは，時間割通りにかばんに入れておき，そのまま机の中に移動させる。

　授業が終わるごとに下に入れていく。

❷ロッカー

　かばんは，見栄えをよくするためにお尻を奥に向けて入れる。ひもなどがだらしなく出ないように注意。

　細々したものは，袋や箱に入れて保管。時々整理整頓タイムを設け，見えない場所であっても，美しく保管することを教える。

5 提出物を出すルールの指導

1 定着のための実演

登校したら提出物を出すことを教えます。

- ・種類ごとに分けて置く
- ・角を揃える
- ・向きを揃える
- ・お金以外は先生がいなくても出す

言葉だけで説明しても,できるようにはなりません。初回の指導は,1つ1つ指示をし丁寧に確認しながら進めます。

①机の上に,お便りファイルを出します。
　(全員出しているか,他のものを出していないかを確認)
②ファイルから「通学路に関するお知らせ」を出します。
　(と言っても漢字が読めない1年生には,どれを出してよいかわかりません。そこで,黒板に大きく文字を書き,実物を示します。さらに,「真ん中に地図が書いてあるよ」等と教えます)
③お隣同士で,プリントの向きを揃えて重ねます。
　(全員が,「向きを揃える」「重ねる」ことを体験します)
④隣のお友達にお誕生日がいつか聞きます。お誕生日が早いほうの人が,プリントを先生の机に持って来ます。
　(単に順番を決める意味だけではなく,隣同士で会話させることにより,コミュニケーションを深める意図があります)
⑤プリントを持っている人は立ちます。机の上に,向きを揃えてプリントを置きます。(そばに立って,向きが揃っているかをチェック。できていな

い子には，向きを揃えてやってみせてからやり直しをさせます)
⑥今，まさはるくんが，「どうぞ」と言って渡してくれました。人にものを渡す時には一言添えると，受け取った人も気持ちがいいものです。もらった時は，なんと言えばよいですか。(「ありがとう」「どうも」)
ひろえさんは，みんなのプリントを，とんとんと揃えて出しました。ひろえさんが揃えてくれたおかげで，先生がプリントを揃え直さなくても机の上はきれいです。とってもうれしいです。ありがとう。
※別のプリントで同様の手順で行います。持って来る子は前回とは別の子。そうすることで全員が提出物の出し方を体験的に学ぶことができます。

❷ 「えらいね」より「ありがとう」

　前項の「はきものをそろえると　心もそろう」ことを教えると，他の場面においても，自ずと「揃える」ことを意識するようになります。教師が言わずともできた場合は，特別に取り上げ大いにほめます。
　この時「えらいね」「立派だね」という言葉だけでほめると，「ほめられた＝ほめられることがうれしい＝次もほめられるためにやろう」と学習する可能性があります。逆に言うと，ほめられないことには価値がないと学ぶ可能性もあるということです。1年生は，特にこの傾向が強いように思います。
　では，人にものを揃えて渡すことにはどんな価値があるのでしょうか。揃えて渡すのは，自分のためではありません。それを受け取る人の手間を考えてする，思いやりの行動です。思いやりの行動は，相手を幸せな気持ちにします。他者の喜びや幸せを願えることや喜べることは，実に人間らしい心だと思います。だからすばらしいのだと私は思います。
　教育活動を通して，私は，人が喜ぶことを幸せだと感じられる子どもを育てたいと思います。その気持ちを伝える言葉は，「えらいね」ではなく「ありがとう」です。当たり前と思える行為が人を幸せにするんだということを，私は「ありがとう」の言葉で教えたいと思っています。

6 あいさつと返事の指導

1 趣意を教える

　「おはようございます」を漢字で書くと「お早うございます」となります。もともとは「こんなに朝早くから，お仕事おつかれさまでございます」という相手をねぎらう会話だったそうです。それが，だんだんと短くなって現在の形になったのです。
　「今日は」「今晩は」にも同様の語源があり，日本語のあいさつは時間の区切りを示す英語とは違って，相手を慮る気持ちが込められているのです。
（参考文献：『日本語源広辞典　増補版』増井金典・著，ミネルヴァ書房，2012年）
　「あいさつは人間関係の基本」「あいさつは人とつながる第一歩」と言われる所以はここにあります。
　1年生にこの話は難しいかもしれませんが，なぜあいさつを大事にすべきかということに，教師自身が解をもっておくことは大切なことです。
　そのことを，目の前の子どもたちに合った形で伝えることが肝要です。私は道徳で次のような授業をしました。

①『あいさつ団長』（よしながこうたく・作，好学社，2014年）の登場人物，サムソンくんの画像を提示。
（外国の子だ。言葉はわかるのかな）
②「外国人のサムソンくんは，すぐに友達と仲良くなりました。なぜだと思いますか」
（初めにあいさつをしたから。笑顔で話しかけたから）

③「こんにちは」とあいさつしただけで，友達になることができるか否か。(意見交流……あいさつに気持ちを込める)
④気持ちのこもったあいさつをしてみよう。

❷ スキルを教える

　あいさつも返事も，相手とよりよくつながるためのコミュニケーションツールの1つと言えます。そういう視点であいさつや返事を考えると，友達ともっと仲良くなるため，みんなにもっとわかってもらうためには，どうすればよいかという考えに至ります。そう考えた時にこそ，スキルを教える価値が生まれるのではないでしょうか。

　「あいさつとはこういうものだ」「もっと大きな声で！」という表層だけの指導は，形さえ整えればよいと教えているのと同じです。

　あいさつとは大きな声で言うことに価値があるのではなく，相手に聞こえる声で言うから伝わり価値があるのです。それは，言葉を伝えるだけではなく，伝えたいという思いも一緒に伝えているのです。それを踏まえて，あいさつや返事のマナー指導をしたいものです。

❶あいさつ
・気を付け（おなかも指先もまっすぐ伸ばす。指はズボンの縫い目に沿うように置く）。
・「おはようございます」と聞こえる声ではっきり発音する（応援団のように大声を出す必要はないが，相手に聞こえるように，声を張る）。
・言ったあとに礼をする。上体を45度くらい曲げる。
・礼の前とあとに，相手と目線を合わせる。

❷返事
・「はい」の「い」のあとに「っ」を付ける。「っ」は多ければ多いほどよい。相手にはっきり聞こえる声で。（元実践は，野口芳宏氏）

7 正しい姿勢・立ち方・座り方指導

❶ よい立ち姿の指導

　右のイラストのように，背筋をぴんと伸ばし，手は自然と体の横に掌を着けて立つのが基本です。

❶指導のポイント

・床に足の裏をペタンと着ける。
・おなかをまっすぐ伸ばす。
・指は伸ばして動かさない。

　自分が見えないものを意識することは，1年生にとって難しいことです。
　つまり「背中を伸ばしなさい」と言っても，見えない背中を意識できない子もいるというわけです。ですから，「背中」ではなく「おなか」を伸ばすように指示するのです。
　また，指先にまで神経が行き届かない子もいます。「ズボンにボンド！」「指が固まる魔法！」等の合言葉で，動かさずにまっすぐ伸ばす意識をもたせます。(参考文献：『明治人の作法』横山験也・著，文藝春秋，2009年)

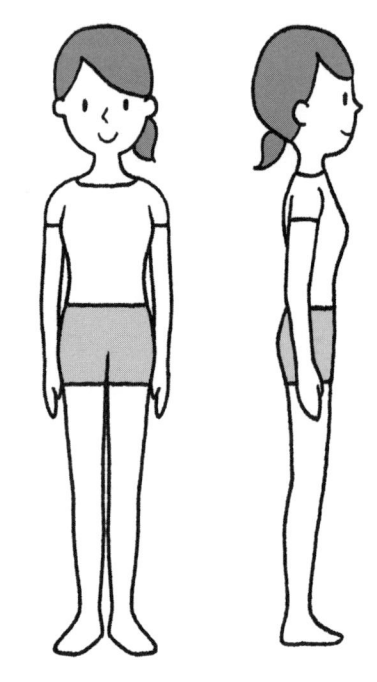

❷ よい座り方の指導

　よい座り方を保てるようにするのは，習慣です。よいモデルがわかっているからといってできるわけではありません。教師側の根気強い指導が必要です。

　頭が柔らかい最初のうちに「学校ではこう座るべきだ」という意識を植え付けたいものです。

❶指導のポイント

・床に足の裏をペタンと着ける。
「ペタン」
・おなかをぐーんと伸ばす。
「ぐーん」
・首をすーっと伸ばす。
「すーっ」

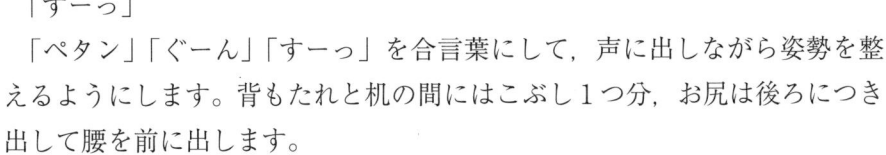

　「ペタン」「ぐーん」「すーっ」を合言葉にして，声に出しながら姿勢を整えるようにします。背もたれと机の間にはこぶし1つ分，お尻は後ろにつき出して腰を前に出します。

　初期指導の後は，机間指導のたびにできていることをほめたり，手直ししたりして指導を積み重ねていきます。

　また，保護者会や通信などで，ご家族へ協力を仰ぐことも必要です。学級でどのように指導しているか，なぜそれが大切だと考えるかを，エビデンスやデータを提示しながら伝えられるとより効果的です。

8　よい聞き方・話し方の指導

❶ 相互理解のための「話す」「聞く」

　これは，卒業間近の6年生の話し合いの場面です。一人の話し手を，全員がじっと見つめている様子が伝わると思います。6年後にこうなるために，1年生にどんな指導が必要なのでしょうか。

　1つは，技術を教え，できるように指導すること。もう1つは，なぜ，その技術を身に付ける必要があるかという情意面を育てること。

　「話す」とは，自分の中にある考えや思いや感情を言語化し外に出すことです。一人一人の顔が違うのと同じように，考えや表現の仕方も違います。

　「聞く」とは，自分とは違う他人の思考や感情を理解することです。他者の存在を慈しみ，尊重し受容していなくては聞けないものです。自分と違う他者を否定せずに聞こう，理解しようという心の働きが，「聞く」という行為だと思うのです。

　相互の「伝えたい」「受けとめたい」という交流があって初めて，相互理解が生まれます。これは全てにおいて必ずわかり合えるということではなく，他者との類似や相違について互いが理解するということです。だから，人と人とがかかわって生きる上で「話す」「聞く」ことが大事なのではないでし

ょうか。そして,「話す」「聞く」技術は,より豊かな相互理解のために必要なのではないでしょうか。

❷ 「話す」「聞く」の基本指導

　小学校学習指導要領国語科（文部科学省,2008年）の「話すこと・聞くこと」に次のような目標が示されています。
・姿勢や口形,声の大きさや速さなどに注意して,はっきりした発音で話すこと。(話すこと)
・大事なことを落とさないようにしながら,興味をもって聞くこと。(聞くこと)
　そのことを踏まえて次の指導をします。

【話す基本指導】	【聞く基本指導】
・たっぷり息を吸う	・話し手を見る
・はっきり口を開ける	・うなずいたり相槌を打ったりする
・一番遠くの人に聞こえる声	・話の腰を折らない
・聞きやすい速さ	・蔑んだり嘲ったりしない

（参考文献：『国語科授業づくり入門』58～65ページ,堀裕嗣・著,明治図書,2014年）

　どちらの指導も,教師が実際に例示することが大切です。
・たっぷり息を吸う…おなかを触らせ,膨らみを体感させる
・はっきり口を開ける…指を縦に3本分入るくらいに
など,具体的な指導が有効です。
　また,話の最中にがやがや騒ぐなどの「負のモデル」と「正のモデル」を対比させて体験させることで,聞く大切さの基本を実感させることができます。
　よい話し方,聞き方はすぐに身に付くものではありません。授業中はもちろん,学校生活の全ての場面で丁寧に繰り返し指導しなくてはなりません。

9 自己紹介指導

1 自己紹介は無理強いしない

　自己紹介というと，みんなの前に立って一人でいる姿をイメージするでしょう。この方法で行うと一人で話せたという達成感を味わわせることができます。また，「話すこと」「聞くこと」について，実践的な指導をすることができるチャンスでもあります。

　しかし，全員が一人でみんなの前でできるとは限りません。大勢の前で話すことが苦手な子，みんなの前に立つのすら緊張してできない子も中にはいます。

　そういう子に無理強いした場合，上手にできたならば自信をもたせることができるでしょう。しかしながら，うまくできなかったり泣いてしまったりしたら，その子の一生のトラウマになってしまうかもしれません。

　ですから，この自己紹介の目的を「一人でみんなの前でできることではなく，一人でも多くの人の名前を覚えること」とするのです。「一人で話す」「伝わるように話す」指導は別の機会に譲っても，何ら支障はありません。

2 自己紹介の小さなステップ

❶近くの人と仲良くなろう
①（隣同士で）僕は福山まさはるです。
②まさはるくん，私は宇野ひろえです。
③ひろえちゃん，よろしくね。（と言って握手）
④（前後のペアで）私はまさはるくんの隣の宇野ひろえです。

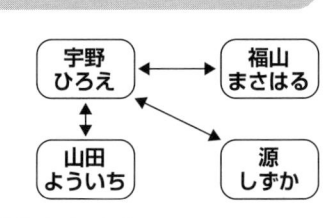

⑤僕はしずかちゃんの隣の山田よういちです。
⑥よういちくん（ひろえちゃん），よろしくね。（と言って，握手）
⑦（斜めペアで）私は，よういちくんの隣の源しずかです。
⑧私は，まさはるくんの隣の宇野ひろえです。
⑨ひろえちゃん（しずかちゃん），よろしくね。（と言って握手）
※必ず紹介された相手の名前を言ってから自己紹介をするようにします。
　そうすることで名前を覚えることができます。
　また，何度か繰り返すことで活動に慣れが生じ，リラックスした気持ちで自己紹介し合うことができます。

❷もっと色々な人と友達になろう
①好きな色を決める。（できれば色カードを持たせる）
②教室を自由に歩き2人ペアになる。
③私の名前は宇野ひろえです。
④僕の名前は近藤しんじです。
⑤「よろしくね，好きな色は何ですか」と聞き合う。
⑥同じだったらハイタッチ，違ったら握手をしてペアを交代。
※時間を限定して行うところがポイント。

❸もっとたくさんの人と知り合おう
①T：太鼓が鳴るよ
　C：せーの！（太鼓を鳴らす）
②太鼓が鳴った数と同じ人数で手をつなぐ。
③自己紹介し合う。何度か繰り返す。

❹みんなの前で自己紹介しよう
①今日の目標は，一人で多くの友達の名前を覚えよう，です。
②黒板の前に立って，名前を言います。言える人は，好きなものや「よろしくお願いします」などと言ってもいいです。
③みんなが名前を覚えたいから，みんなに聞こえる声でお話しできたらいいね。
④お話のあとは，大きな拍手で「がんばったね」の気持ちを伝えよう。

10 鉛筆の持ち方指導

1 正しい持ち方

　一般的に，鉛筆を正しく持つメリットは，美しい文字が書けること，手がつかれにくく速く書くことができること，と言われています。

　また，『頭のいい子の育て方』（西村則康・著，アスコム，2013年）によれば，正しく持つと鉛筆の傾きは45度になり，そうすると右目でも左目でも鉛筆の先端が見えるのだそうです。つまり，両目でしっかり鉛筆の先を見ることができるため，つかれず，字をきれいに書くことができるというのです。そのため，書き損じや計算ミスもしにくいというわけだそうです。

　一度身に付いてしまった持ち方を修正することは困難です。入学前に「持ち癖」が付いていることも少なくありません。正しく鉛筆を持てることは，日本の社会ではずっと重視されているたしなみです。将来，教え子が恥をかかないためにも，入学時に正しく鉛筆を持てるように指導しましょう。

❶正しい持ち方の指導シナリオ

　「親指と人差し指で鉛筆を挟み，中指は添えるだけ」と伝えましょう。
①家族でお散歩していると，お父さんが鉛筆くんを見付けました。
②鉛筆は重くて1人では持てません。お母さんを呼びました。
③お父さんとお母さんは，2人で鉛筆くんを抱っこしました。
④あらら，鉛筆くん，気持ちがよかったのか眠っちゃいました。

⑤お兄ちゃんが，そっと枕を当ててくれました。

　このお話のあと，「鉛筆くんを抱っこ（親指と人差し指を輪にして持つ）まーくーらー（中指を添える）」と言いながら，正しい鉛筆の持ち方の練習をします。

❷ 正しい鉛筆の持ち方指導

【NGな鉛筆の持ち方】

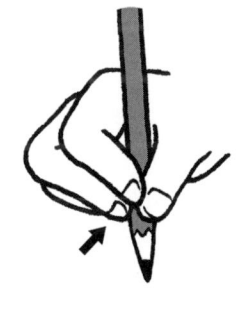

①親指が上に出る
親指が鉛筆に触れていないため，向きや力を加減することができない。

②人差し指と中指で鉛筆を支える
鉛筆に上からよけいな力がかかりすぎるため，親指でのコントロールがしづらくなる。

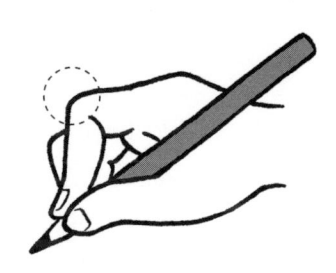

③親指が人差し指の下に入り込む
人差し指のみで鉛筆をコントロールしているため，微妙な書き分けがしづらい。

④人差し指の第二間接が反る
人差し指に必要以上に力が入っている。つかれやすく書くのにも時間がかかる。

11 移動時の並び方・動き方指導

1 静かに並ぶ

　教室からみんなで移動する時には，必ず並んで行くことを話します。それは，たくさんの人がいっぺんに移動するので混雑を避け安全を確保するためです。そして，騒がしくなって他の学級の妨げにならないようにするためです。

　人に迷惑をかけないようにすることは，社会で生きていく上で大切な視点です。自分たちが楽しいからといって，廊下で大騒ぎしたり走ったりしてはいけないのです。なぜなら教室で学習している人の邪魔になるからです。自分が一生懸命学習している時に，廊下が騒がしくて先生や友達のお話が聴こえなかったら嫌でしょう？　と問えば，大抵の子は理解することができます。自分の身に置き換えて考えさせ，いつでも廊下は静かに整列して歩くことを教えます。

　しかし，わかることとできることは別。
「静かに並ぶんだよ。では，どうぞ！」
と言った途端，大きな声を出しながら並ぶ……というのはよくある光景。そこで，並ぶ時には次のように指示します。
「寝ている赤ちゃんを起こさないように廊下に出ます」
「忍者のように素早く静かに廊下に出ます」
　具体像がイメージできる指示を心掛けましょう。

　ちなみに，普段から素早くきれいに並ぶことは，災害時に安全に迅速に避難するために必要なことです。趣意説明の1つとして，1年生にも教えておきたい視点です。

❷ 素早く並ぶ

「さあ，並びます」
と言って，しばらくしてから動き出す子がいます。丁寧に椅子をしまっていたり机を整えていたりする場合は仕方ないのですが，のんびりゆっくりだらだらと動いている場合には指導が必要です。

誰だって待ち時間が長いのは嫌なものです。指示通り素早く動いた子は，ずっと待ち続けているのですから。

しかし，当の本人も悪気があるわけではありません。周りが見えていない，自分がどれだけ遅れているか認識していないだけなのです。

そんな時は，移動の様子や素早く並んでいる子の画像や動画を見せます。自分を客観視することで，行動改善を意識付けられる場合もあります。

❸ きれいに並ぶ

まっすぐ並ばせるコツは，前の人の頭を見ること。

でも，これがなかなかできないのです。視線があちこちにいってしまうため，いつまで経っても頭がふらふら。

こんな時に，言葉だけで注意するのはあまり効果がありません。それより，そっとそばに行って，体を動かしてあげるほうがずっと効果的です。何より，
「ちゃんと並んで」「曲がっているよ」
と，教師ならつい言いたくなってしまう一言を言わないので，嫌な雰囲気にならずにすみます。

まっすぐになれた時は「まっすぐ並べたね」「きれいに並べたね」とできたことを認めます。そういうモデルを教師が見せることで，上手に並べない子を責めたり上から注意したりする子が出てきません。「本当はまっすぐに並びたいのにできないのだ」という視点に立つことがポイントです。

3章　入学式から1週間の全仕事マニュアル　69

12 忘れ物・落し物指導

① 忘れ物防止の指導

　入学してしばらくは，保護者の方の協力が欠かせません。保護者には，お便りを見ながら一緒に時間割や必要物を揃えていただくようお願いします。次の点を一緒に伝えるとよいでしょう。

・自転車の補助輪が外れるまで一緒に練習したように，一人で時間割を揃えられるようになるまで一緒に練習してあげてください。
・全てしてあげるのではなく，わからないこと，できないことを助けてあげてください。
・調べたら確認する習慣を付けてください。
・「勉強道具揃えたの？」ではなく「一緒に揃えようか」と言ってみてください。「食器洗ったの!?」と言われるより，「一緒に食器洗おうか」と言われたほうが，断然やる気になりますよね。
・勉強道具を調べる時間を決めておくと，習慣化します。ちなみに，当日の朝に調べると，慌ただしいので忘れ物が多くなります。
・時間割通りに教科書とノートを揃えてかばんに入れてください。確認する時にもわかりやすいです。

　学校でできる防止指導もあります。期限のある提出物には，赤鉛筆でメモをさせるのです。慣れてきたら文字を書かせますが，赤で締め切り日を囲むだけでも効果的です。

　「絶対に忘れない」「これは〇日までに書いてください」

と書かせます。そうすることで，提出物に対する責任感が生まれます。また，提出物は親がやってくれるものではなく，自分で親にお願いして準備してもらうものという意識を育てることにもつながります。

❷ 忘れ物をした時の指導

　失敗しないことも大事ですが，失敗した時にどう対応するかはもっと大事なことです。どんなに気を付けていても忘れることはあるものですから，自分ですぐに言えるようにしつけます。

・朝のうちに「忘れたので貸してください」と自分で言う。
・使い終わったらすぐに，お礼を言って元の場所に戻す。
・「忘れた事実＋対応策＋以後気を付けます」と言えればOK。長々とお説教したり，理由を言わせたりしても改善はしません。

　また，忘れたものは速やかに貸し，学習に支障が出ないよう配慮します。

❸ 落し物指導

　記名を徹底することで，落し物はなくなります。なぜなら，名前を見れば落とし主がわかり，持ち主に返すことができるからです。

　記名することはものを大事にすることと同じ。鉛筆1本1本，ティッシュ全てに記名させます。名前のない場合は教師が書いてやり，定期的に記名を点検します。

　貸し出しグッズにも記名することで，意識付けを図ります。また，筆入れに中身を表示しているため，確認しながら返却することができます。

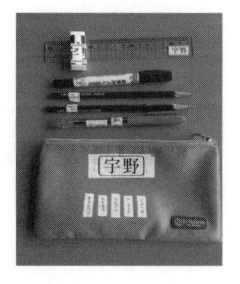

3章　入学式から1週間の全仕事マニュアル

13 トイレの使い方指導

① トイレをきれいに使う指導

　学校のトイレを掃除しているのは誰か質問しても，大抵の1年生は答えることができません。高学年（自治体によっては業者）がしていることを知らせると，1年生は一様に高学年を尊敬します。
　「自分が使っていないところもきれいにできるなんてすごいですね。お兄さん，お姉さんが困らないように，トイレはきれいに使いましょう」
　そう前置きしてから，正しいトイレの使い方を指導します。
　まずは，画像やイラストを使って教室で一斉指導します。その後，実際にトイレに行き，注意点を繰り返します。

❶男子トイレ編
・便器のそばに，両足を開いて立つ
・おしっこが終わるまで，その場所から動かない
・便器の真ん中ぐらいを目がけておしっこをする
・友達がおしっこをしている時に，のぞき込んだり触ったりしない

❷和式編
・丸いほうが前
・前のほうにしっかりしゃがむ

❸和・洋共通指導
・トイレットペーパーは15cm くらい使う
　（具体的に示す）
・使用後はボタン（レバー）を押す

❷ 汚したら自分できれいにするという指導

「高学年のお兄さん,お姉さんが掃除していて,一番嫌なことは何だと思いますか。(意見交流させたあと)答えは,トイレにおしっこやうんちがこぼれたままになっている時です」

このあと,どうして一番嫌だと思うのかについて交流させます。1年生からは「汚いから」という答えが返ってきます。わざと,

「じゃあ,そのままにしておけばいいんじゃない?」

と問うと,それじゃ汚い,使うのが嫌だ……という声。

そこで,次のことを指導します。

・使ったあとは,汚れていないか必ず確かめる
・汚れていたら,自分で拭く
・どうしても困ったら,先生に助けを求める

自分のものでない汚れもきれいにできるとなおよいのですが,1年生には少しハードルが高いようです。実態に応じて指導しましょう。

また,高学年が一生懸命掃除している画像を見せ,意識を高めるのも効果的です。

14 水飲み場の使い方指導

❶ 水飲み場の使い方

　水飲み場はみんなが使用する場所です。水を飲んだり手を洗ったりする他，図工や生活科の学習でも使用します。

　それぞれのシーンに合わせて適切な使用方法を指導します。

❶水飲み場の基本指導

　正しい使い方の指導とあわせて，水を大事に使う指導も必要です。

　「出しっぱなしにしない」と伝えるだけでなく，家庭での指導を問うなど，日常経験とリンクした指導が効果的です。

・蛇口は，手を洗う時は下向き，水飲み，うがいの時は上向きにする。
　使用後は下に向けておく。（上向きのままだと水がたまる。また，そのまま出すと水が飛び出すこともある）
・使用後はハンドルをしっかりしめる。

---

❷ハンドルの基本指導

　1年生は，握力が弱く細かい力加減も苦手です。上手にハンドル調節するコツを教えます。

・ハンドルは一気に回さずに，少しずつ。
・水量調節は，蛇口を下に向けたまま行う。
・蛇口を上に向けたまま，水量を増やさない。

---

❸清潔に使う指導

公共のものを清潔に使用することも,大事なマナーの1つです。

- ・蛇口に口を着けて水を飲まない。
- ・水を飲む場合,少し水を流してから飲む。
- ・うがいをした時は,吐き出したものは水で流す。
- ・固形物は流さない。誤って流した場合,ティッシュなどで取り除く。
- ・ハンドルを汚してしまったら(泥や石鹸が付いた手で触った場合など)そっと水をかけて洗う。または,ティッシュで拭く。

❹安全に使う指導

蛇口にぶつかって歯が折れた,唇が切れたという事故を時折耳にします。過去のエピソードを話しながら,水飲み場付近での危険行為は絶対にさせない指導が必要です。

- ・一列に並んで待つ。
- ・水を飲んでいる人を,後ろから押さない。
- ・水飲み場の周りで,騒いだりふざけたりしない。走らない。
- ・こぼした水は,きれいに拭き,水分を残さない。

2 配慮事項

身長が低い子は,蛇口に手が届かないことがあります。教室に台を常備しておくと便利です。ただし,床がぬれている場合,台が滑ってしまうことがあります。前かがみで使用するため,滑ると台が後ろにずれ,床や流しに顔を強打する危険があります。台の下にゴムの滑り止めを付けること,ぬれた床でも滑らないことを確認しておくことが必要です。

15 学校からのお便り指導

❶ 必ず保護者が見るための手立て

　お便り指導で最も大事なことは,「もらったその日に出す」ことです。習慣化のためには初期指導が重要ですから, インパクトのある演出をします。
　私は, アーノルド＝ローベルの「お手紙」(『ふたりはともだち』三木卓・訳, 文化出版局, 1972年) を読み聞かせた後, 次のように話します。
　「学校から配るプリントは, かえるくんが書いたお手紙と同じ, 大事なものです。ですから, おうちに帰ったら必ずおうちの人に渡してください。かたつむりくんのように4日後ではなく, 帰ったらすぐですよ」
　がまくんとかえるくんが大好きな子どもたちは, よしきたとばかりにはりきります。
　子どもへの指導よりも大切なのが, 保護者への啓蒙です。学校からのお便りは, 保護者が必ず目を通すという前提で配られています。そのためには, ご家庭で学校からのお便りを見せるシステムをつくっていただくのが一番です。
　親が毎日「お便りは？」と声かけをするのも一手ですが, 言われて出すのではなく自分から出す習慣を付けたいものです。スタンダードな方法として,

---
・帰宅したらすぐ
・所定の場所に自分から

などがあります。「学校からのお便り」と表示したかごを常設しておくおうちもありました。親子で話し合い, 必ず配布物が保護者の手に渡るような工

夫を考えていただけるとよいですね。

❷ お便りの基本指導

❶お便りファイル

　無理なくかばんに入るもの，扱いが簡単なもの，仕分けができるものがおすすめです。見開きのもの（画像）は，「学校からもらったもの」「学校に提出するもの」に分けて入れられて便利です。ブック式で仕切りがあるものも便利ですが，1年生には見開きで全てが見えるほうが迷いなく使えるようです。

❷折り方指導

　手指が開発されていない1年生にとって，プリントを折るのは一仕事です。そこで，画用紙など大きな紙で例示しながら，次のように指導します。

・（プリントの）角と角をぴったんこ（角と角を合わせる）
・左手でよいしょ（親指と人差し指をプリントの上に置く）
・右手でアイロン（「わ」を親指で数回強くこする）

　学校からのお便りの中には，再度提出していただくものもあります。期限内に出していただくために，赤で書かせます。最初のうちは，赤で囲むだけでも十分です。

16 職員室指導・保健室指導

1 職員室指導

「宇野先生ー，まさはるくんが泣いてるー！」
と，いきなり駆けこんでくる子がいます。しかし，職員室は公的な場。ですから，場に合ったふさわしい所作があることを教えます。

> ①身に付けている外着や帽子，かばんは廊下に置くか，手に持つ。
> ②「トントン」と2回ノックをする。
> ③「失礼します」と言って，礼をする。
> ④「1年4組の山田洋一です。宇野先生はいらっしゃいますか」
> ⑤宇野先生のそばまで行ってから用件を話す。
> ⑥職員室のほうに体を向けて「失礼しました」と言って退室。

職員室は，先生方が仕事をしているお部屋です。図書室や体育館のようには，気軽に出入りできないことを教えます。

しかし，緊急の用がある時は遠慮なく来てよいことを伝えます。ところが「緊急の用」が何を指すのかが，1年生にはイメージしにくいのです。そこで，ある程度の「緊急場面」を，先に例示しておきます。

> ・誰かが怪我をしてしまった時
> ・今すぐに，先生に渡さなくてはならないものがある時
> ・他学年の先生にお話がある時

❷ 保健室指導

　保健室は，怪我や体調不良の人が休んだり手当てしたりする場所です。元気な人が遊びに来たり，騒いだりしたりしてはいけない場所です。まずはそのことを教えます。また，養護教諭はたった一人で全校児童の手当てをしています。些細なことで来室すると保健室は大混雑してしまいます。だから，どうしても我慢できない時に行く場所であることも伝えます。
　その場合は，必ず担任の許可を得てから行き，結果についても報告するようにします。責任者である担任は，全ての子の体調を知っておく必要があるからです。その上で，どのような手順で来室するかの指導をします。

---

①まずは担任に保健室に行く理由を伝える。
②許可を得てから保健室に行く。
③ノックをしてから「失礼します」と言って入室。
④「1年4組の宇野弘恵です。中休みに，ジャングルジムから飛び降りたら，ころんで右足をすりむいちゃいました」
　などと，自分で言う。クラスと名前，状況や症状（いつ，どこで，どうして）を伝える。
⑤「お願いします」「ありがとうございました」と丁寧に言う。

　保健室では，不調の人を慮ることや場に合ったふさわしい態度で入室することとあわせて，自分のことを自分で言える指導も大事です。
　困っている時，体調不良の時，いつでも誰でも親切に声をかけてくれるわけではありません。どこがどのように不調で，どうしてほしいのかをちゃんと自分で言えるように教えることが，その子が一人で生きていく時の力になると考えます。
　養護教諭と，こういった教育観を共有し，同一歩調で指導できるといいですね。

3章　入学式から1週間の全仕事マニュアル　79

17 集団下校指導

1 集団下校のための下準備

　入学してからしばらくは，方面別の集団下校をする学校が多いようです。安全に児童を下校させることが主な目的です。

❶名簿の作成

　地図を見ながら，方面別の下校班を作成。氏名の横にコース名が入ったもの，コースごとに氏名が入ったものが必要です。

❷担当教諭の配置・依頼

　コース名簿ができたら，担当者を決めます。学級担任の他に，特別支援学級の担任，フリー教諭，管理職などに協力していただきます。1コースに1名配置しますが，担任は人数が多いので遠くを担当するのがよいでしょう。また，特別支援学級担任は，担当の子がいるコースへ，フリーや管理職は多忙であるためできるだけ近くて人数の少ないコースになるよう配慮します。ただし，気になる人間関係，手のかかる子がいる場合は，担任がそのコースを担当し，万が一けんかやトラブルがあった時に迅速に対応できるようにするとよいでしょう。担当者が決定したら，名簿と児童の自宅が明記された地図を持って，担当者に依頼に行きます。場所や時間，指導の概要をお話しします。気になる子の特徴や観察ポイントなどをお伝えすることも忘れずに。

2 集団下校の実際

❶スムーズな下校のための直前指導

　集団下校をする前に，教室で以下の点を指導します。

- 趣意（みんなで安全に帰るために行う）
- 約束（並んで歩く。隣の子と手をつなぐ。家に向かうために列から離れる場合は，必ず担当教諭にその旨を告げるなど）
- コースの確認（自分のコース，メンバーの確認）
- 担当教諭の確認（名前と顔は覚えさせたい）
- 並び方の確認（教室で一度やってみる）

　注意が必要なのは，帰宅先。留守家庭児童会や放課後倶楽部，祖父母の家など，自宅とは違うところに帰る場合があります。それも，日によって異なることがあるので，入念に確認しなくてはなりません。

　子ども自身もわかっていないことがあるため，事前の届け出から変更になる場合は，必ず連絡帳に記していただくようにお願いしておきます。

　また，担当教諭が事前に把握することができるように，予め下記のような名簿をお渡ししておきます。

　変更があった場合は，その都度担任が担当者に連絡し，名簿を訂正してもらいます。

赤色コース〇月〇日（木）					
1組	帰宅先	2組	帰宅先	3組	帰宅先
宇野　弘恵		松坂　桃李		鈴木　真由美	
福山　雅治	留守家庭	長澤　まみ	×	山田　洋一	祖父母
豊川　悦士		笹森　健治		梅田　悦子	
新川　宏子		近藤　真二	留守家庭	高橋　正一	放クラブ
3		2		2	

18 交通安全指導

1 視覚化した「怖さ」を疑似体験

　保護者の付き添いやバスなどで登園していた1年生。具体的な場面での経験が乏しいため，交通安全意識が十分に育っているとは言えません。
　ですから大人が当たり前と思う基本的なことでも1つ1つ丁寧に教えなくてはなりません。日常的な指導が基本ですが，自治体の交通安全課による出前授業をお願いしたり，郊外に出て実際に歩きながら指導したりすると効果的です。

❶歩き方指導

- 歩道のできるだけ内側を歩く。縁石の上や，歩道から外れたところは歩かない。走らずに，歩く。
- おにごっこやかけっこをしない。
- 前を見て歩く。

❷交差点，信号，横断歩道指導

- 赤はとまれ，青は注意して渡る。黄色，点滅はとまれ。
- 遠回りしても，横断歩道を渡る。
- 斜め横断はしない。
- 交差点では，左折車，右折車に気を付ける。

　「交通事故は怖いよ」「車にぶつかったら怪我をするよ」と言っても，1年

生は自分事として捉えることがなかなかできません。また，1つの事例を膨らませて一般化させることも難しい年齢です。ですから，できるだけたくさんの具体的事例を挙げ，あらゆる場面で危険を想定できるようなアプローチが必要です。言葉だけではなく紙芝居やペープサートを使って物語仕立てにするなど，興味や関心が持続するような工夫をしましょう。

　ちなみに小学生の交通事故原因のうち，「飛び出し」が約4分の1を占めます。(参考資料：『小学生の交通人身事故発生状況〜平成26年度〜』警視庁HP）

❸例1
①ボールが道路にころがっちゃいました。
　さて，どうしますか？
②慌てて飛び出すと，どうして危ないのでしょう。

❹例2
①道を歩いていたら，友達が道の向こうで呼んでいます。
　さて，どうしますか？
②どんなことに，気を付けるとよいでしょう？

3章　入学式から1週間の全仕事マニュアル

19 校内放送が入った時の指導

1 何があっても絶対に聞く指導

　校内放送が入った時には，全員が全ての動きをとめ放送を聞けるように徹底して指導します。それはどんな放送の場合でも同じです。

　事件や事故などの緊急事態が発生した場合，児童を安全に誘導するための指示が放送されます。緊急かどうかは放送を聞かなくてはわからないのですから，「緊急の場合にはちゃんと聞くようにすればよい」という指導では意味がないのです。

　しかし，現実には，地震や火事などの発生時は，動転して指示が聞けないものです。普段から「いかなる場合でも校内放送が流れたら動きをとめて聞く」ことが習慣付いていれば，たとえ緊急時でも放送に耳を傾けられるのです。ですから習慣付けることは，とても重要なことなのです。

　そう考えると，教職員も無闇やたらに校内放送をかけることには一考が必要です。過剰な放送は，狼少年と同じく，「どうせ，たいしたことない呼び出しだろう」「だから聞かなくても問題ないだろう」と学習させてしまう可能性があります。事前の教師間の連絡で済むもの，緊急性のないものには校内放送を使用しないよう申し合わせます。

　その上で，全校で校内放送を聞く指導を徹底することに意味があると考えます。

❷ 君は何を話すんだい？スピーカーくん

① （教室のスピーカーを指しながら）これは，一体何の箱でしょう？
②これは，「スピーカー」と言って，みんなにとっても大事なことをお知らせしてくれるものです。
③では，みなさんに問題です。このスピーカーくんは，今何を話そうとしてるでしょうか。（意見を出させる）
④どれも不正解です。スピーカーくんは「火事だから逃げてください」って言おうとしていたんです。
⑤つまり，スピーカーくんが何を話そうとしているかは，スピーカーくんが話すまで，みんなにはわからないのです。だから，
「ピンポンパンポーン」
ってなったら，スピーカーくんが何を話すのかな？って，静かに聞きます。
⑥スピーカーくんは，いつも大事なお知らせをします。だから，どんな時でも，「ピンポンパンポーン」
がなったら，動くのをやめて静かにしなくてはなりません。
⑦できるかな？　では，やってみましょう（と言って，何度か練習する）。
⑧地震や火事などが起きた時も，どこに逃げたらいいかスピーカーくんが話します。何を言っているか聞こえないと，逃げられません。だから，いつでも絶対に静かに放送を聞きます。

20 言葉遣いの指導

❶ 言葉の使い分けは，公私の区別

　学校は社会的な役割を果たす公の場です。ですから，場に応じた話し方をしつけることも学校の大事な役割なのです。

❶教師への言葉遣い

　「教える師」と書くように，教師は友達ではありません。目上の人には敬語で丁寧な言葉遣いで話すという，社会の一般的な常識を教えます。

　もちろん，教師自身が丁寧な言葉遣いで接することは言うまでもありません。教師自身がよきモデルとなり，いつでも品のある言葉での会話を心掛けたいものです。

❷友達への言葉遣い

　友達であっても，ぞんざいな言葉遣いはいけません。乱暴な言葉は乱暴な行動につながり，いつしか暴力的な子が大人しい子を支配するような人間関係をつくります。

　まずは，「くん」「さん」を付けて呼ばせます。地域的な慣習もあるかもしれませんが，最低限，公の場である授業中は互いに敬称を付けて呼び合うことが基本です。

❸授業中の言葉遣い

　「うん」ではなく「はい」，「わかった」ではなく「わかりました」のように，大人の一般社会で通用しない話し方はやめさせます。

　はしたない単語や乱暴なことをみんなの前で言わない指導も大切です。

　また，人を不愉快にする言葉や話題は発しないことも大事なマナーです。

❷ 察してあげない

「先生，トイレ」
「先生，鉛筆」
と単語だけで訴えてくる子がいます。

教師は大人ですから，「トイレに行きたいんだな」「鉛筆を貸してほしいんだな」と，要求を察することができます。日本文化では「察する」ことは人付き合いにおいて，「美徳」と捉えられてきました。しかし，教育の場面において，「察してあげること」は必ずしもよいことであるとは思いません。

たしかに，
「鉛筆」
としか言わないのに，先生が
「あらら，忘れたの？」
と言って，鉛筆を貸してくれたら，子どもは安心するかもしれません。ああ，この先生は自分のことをわかってくれる優しい先生だと思うかもしれません。しかし，世の中の全ての人がそうではありません。当然ながら，察する人もいればそうでない人もいるのが社会です。

教師は，子どもの意を汲んで大事にしているつもりでも，子どもは「全てを語らなくても，世の中の人は全てを理解してくれる」と学んでしまう可能性があります。

そうすると，自分の気持ちや要求をきちんと語る必要性を感じず，いつでもぞんざいなコミュニケーションのとり方しかできない子に育ちます。

ですからここは，察してわかっていても，
「トイレがどうしたの？」
と問い直し，
「先生，トイレに行きます，って言ってごらん」
と教え，言い直させることが大事です。

4章 入学式から1か月の全仕事マニュアル

1 入学式から1か月で育てたいもの

1 入学当初の姿との比較

　入学式からの1か月間で，1年生は学校生活にも随分慣れてきました。場所も人も時間もおおよそ把握でき，入学当初の不安は軽減されていきます。
　さあ，ここからが本当の勝負。これまでの姿は少し背伸びした仮の姿。これから見せる姿が子どもたちの本性です。入学式の姿と比べてみてください。

> ・時間通りに着席していますか
> ・授業中，おなかを伸ばして座っていますか
> ・天井に刺さるくらいに，まっすぐ手を挙げていますか
> ・「はいっ」という返事ができていますか
> ・教師の話にすぐに集中していますか

　いかがですか。緊張の1週間と比べても，少し崩れてはいませんか。
　いえいえ，決して崩れたのではありません。その時はできていたのだけれども，身に付いていなかっただけの話です。
　そうです。この1か月は，1週間で教えたことが身に付くような指導の仕掛けが必要です。一人一人が力を発揮し，学級が集団組織として機能していくようにしていくのがこの時期の大きな役割なのです。

2 子ども同士をつなぐ

　社会は人と人とのかかわりの中で成り立っています。学校も同じ。入学直

後は教師と子どもというつながりだけでも，学校生活はなんとか成立していました。

しかし，いつまでも教師としかつながっていけなかったとしたら，その後の学校生活が難しくなることは，たやすく想像することができます。

前章でも述べたように，1年生の場合は，教師とのつながりを密にするのが優先です。教師と子どもの結び付きがしっかりしているからこそ，安心して活動を広げていけるのです。

活動が広がるということは，必然的に子ども同士のつながりが広がるということです。

ですから，教師と子どもの関係を綴っていきながら，同時に子ども同士がかかわっていけるようにしなくてはならないのです。

人間関係の基本は，相手を受け入れること，自分を表現することだと私は考えています。

これらができるようになると，相手を慮ったり，上手に自己主張できるようになったりします。

「子どもと子どもをつなぐ」というと，いかに心理的距離を近付けるかということに傾きがちですが，その一歩前の力を育てるのがこの1か月間です。

様々な活動の中で，相手を大事にし，適切に自己表現する布石を打つことが，学級を集団組織に近付けるのです。

2 教室環境の整備

1 整理整頓

　美しい風景を見て，心が洗われるように感じたことはありませんか。整然と並べられた体育館の椅子を見て，心が引き締まるように感じたことはありませんか。

　人は見るものに感化されると言います。そして美しい教室には凛とした落ち着きが生まれます。教室がかくあるためには，教師が率先して整理整頓に努めなくてはなりません。教師が環境を大切にする姿を見せながら，いずれ，子どもたちが自分たちの手で教室を美しく整えられるようにしていきます。

　その最初の一歩として，自分たちで机をまっすぐ揃える習慣付けを仕掛けます。縦と横の机のラインの目安を壁に貼っておきます。それに合わせて机の縦と横を並べるのです。すぐにまっすぐ並べられるようにはなりませんが，「机はまっすぐ並べるものだ」という意識を育てることはできます。毎日，帰りの会などで一斉に机を揃える時間を設けるといいでしょう。

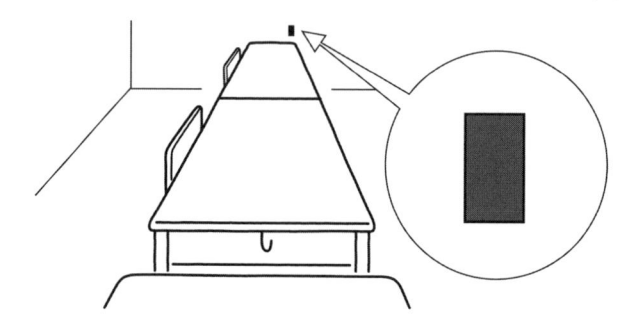

❷ 掲示物の工夫

　掲示物は整然と。どこに何を貼るかは年度当初に決めておきます。

　私は壁の長さを全て測り，ぴったりおさまるように掲示物を作成します。また，使用する紙の色も統一します（青系や緑系などが落ち着きます）。そうすると，壁面がすっきりし，教室が凛とした雰囲気になります。

【前方】
・学習の邪魔にならないように，必要最小限に。
・掲示物の大きさの違いは，台紙の大きさを揃えたり高さを揃えたりすることでカバー。

【横】
・固定した作品を貼る。
・毎月ごとのクラス写真を貼ることで，クラスの歴史を俯瞰することができる。
・窓側には，学習に関することを掲示。固定のものと入れ替えるものを分けて掲示。

【後方】
・学級目標と個人目標。
・一人一人が手をつないでいるように見える写真。
・係のコーナー。自由に掲示できる。
・素敵な作品も紹介。

3 日直の仕事と指導の在り方

❶ 仕事内容

　辞書（『ベネッセ表現読解国語辞典』ベネッセコーポレーション，2003年）によると，日直とは「その日その日の当番」とあります。つまり，日直の仕事は画一化されているわけではなく，その集団で必要とするものを当番の仕事とすればよいわけです。
　１年生が日直の仕事をする意味は，

- 全員が平等に役割を担う
- 自分の仕事をやり遂げる

ことを通して，所属意識を高めることにあると考えます。そのことを鑑みて，次の仕事を割り当てていました。

- 健康観察を持ってくる，片付ける
- 朝の会，帰りの会の司会
- 授業の始めと終わりのあいさつ
- 給食前後のあいさつ
- 帰りの会での電気消し

　学級には，この他にも色々な仕事があります。それらは全て「当番」として，全員に割り振りました。
　また，学級の歴史を綴るという意味で，学級日誌を書かせることもありま

した。

❷ 日直の仕事指導

❶仕事内容を理解させる

　日直は，2人1組にします。互いに声をかけ合い助け合って仕事をする経験を積ませるためです。しかし，実際の仕事は一人でさせます。特に始まりと終わりの声かけ（「気を付け」など）は2人で声を揃えるために時間がかかったり，互いを頼りすぎたり，時にぐだぐだとした雰囲気になったりすることが多いため，一人でさせるのがベストです。一人で行うということも責任をもって役割を果たす貴重な経験です。

　私はわかりやすいように，下記のように説明しました。

・日直は出席番号順に2人ずつ行う
・健康観察を持ってくる，朝の会の司会，始まりのあいさつは1番の赤坂くんが担当。健康観察を片付ける，帰りの会の司会，終わりのあいさつは2番の石川さんが担当
・3番の宇野さんと4番の江渡さんだと，始まりを担当するのが宇野さんで終わりの担当は江渡さん

---

❷仕事の仕方を教える

①自分が日直であることの自覚をもたせる

　見えるところに名前を掲示します。顔写真付きのネームプレートを掲示している学級もあり，文字だけよりもわかりやすいです。前日の帰りの会で予告するのも一手です。

②仕事を忘れずにできるようにする

　仕事をしたら，日直が自分でプレートをひっくり返します。プレートの両面に磁石を貼っておき，ホワイトボードに表示しておきました。

4 朝の会の指導

❶ 何をプログラムするか

　朝の会と帰りの会には，1日の始まりと終わりを意識付ける機能があります。ですから，慣例だからと何も考えずにプログラムするのではなく，朝の会と帰りの会で何をねらうのかを考えるべきです。どのように始まらせ，どのように終わらせるかには，教師の教育観が表れます。朝の会，帰りの会を単体として見るのではなく，1日の中でどう位置付けるのか，この時間にどのような力を付けどう育てるのかという両方の視点から考えると，どのような流れや活動が必要かが自ずと見えてきます。また，曜日による特質を考慮することも大切です。月曜日は休日のつかれを引きずっていることが多く，教室がどんよりした雰囲気でスタートします。逆に金曜日は平日のつかれが出て，落ち着かない1日となります。そこで朝の会，帰りの会で調整し，「楽しく始まる」「穏やかに終わる」プログラムを作ります。

【朝の会】	【帰りの会】
1　朝のあいさつ 2　月　全力じゃんけん 　　火　朝のダンス 　　水　笑顔リレー 　　木　朝の歌 　　金　ほめほめタイム 3　健康観察 4　朝の連絡	1　火　ミニクラス会議 　　火以外　振り返りジャーナル 2　世のため人のためタイム 3　帰りのあいさつ

❶朝の会のプログラム解説
①朝のあいさつ
　日直に続いて，全員で声を揃えてあいさつします。最後に教師があいさつ。
②曜日ごとのプログラム
・全力じゃんけん
　教師対全員でじゃんけん。「全力じゃんけん，じゃんけんしょ‼」とかけ声。勝っても負けても全力でパフォーマンスします。
・朝のダンス
　火曜日なら，朝からダンスも可能。1年生でも踊れる簡単でアップテンポなものを選びます。朝，体を動かすことで，動きたい欲求の強い子の衝動を緩和する効果もあります。
・笑顔リレー
　端の席の子から順に笑顔をリレーしていきます。互いに目を合わせ，「にっ！」と言いながら行います。今日もよろしくねの気持ちを笑顔に込めます。
・朝の歌
　最初は校歌がよいでしょう。その後，音楽の時間に習った曲などをチョイスし，定期的に変えていきます。
・ほめほめタイム
　菊池省三先生（北九州市）の実践「ほめことばのシャワー」の変形版。隣同士でペアになり，互いのよさや感謝の気持ちを伝え合います。初回は，教師の例説のあと，考える時間を保障します。30秒で交代。落ち着きのない金曜日に行うことで，朝からしっとりとしたスタートをきることができます。

❷健康観察
　「はいっ，元気です」「はいっ，風邪をひいています」のように言わせます。初日に教えた返事の仕方を習慣付けます。

❸朝の連絡
　教師からの連絡。継続的な聞き方指導の場面。座り方や姿勢を確認してから手短に話します。

5 帰りの会の指導

1 帰りの会のプログラム解説

❶ミニクラス会議

　学級の課題について，全員の合意形成によって解決をめざす話合いがクラス会議。椅子を中央に向けるだけの簡単な場づくり，全員が意見を言う，司会が決定事項を確認するというシンプルな流れです。10分間で行います。

❷振り返りジャーナル

　半分に切ったノートに1日の振り返りを書く活動です。文字を習いたての初めの頃は時間もかかりますし，なかなか文章になりません。テーマに沿って書くことが難しい子もいますので，最初は，今日楽しかったことうれしかったことがんばったことなどを書かせます。イラストを描いても1文でもOKとします。帰りに自己省察しメタ認知の力を高めることが目的です。

❸世のため人のためタイム

　1分間の奉仕活動です。まずは，自分の身の回りの整理整頓。それが終わったら，ごみを拾ったり黒板を消したり，みんなが幸せな気持ちになれるような活動を見付けてします。整理整頓をしてから帰ることで心も落ち着きますし，翌日気持ちよく1日をスタートできることも指導できます。

2 何を指導するか

　朝の会，帰りの会では，多くのことを継続的に指導することができます。
　司会が前に立ちます。司会の子にとっては，相手意識をもって話す練習ですし，聞く子にとっては相手意識をもって聞く練習になります。あいさつや

返事，立ち方や座り方，礼の仕方や声の出し方など，初日に指導したことが身に付くように繰り返し指導できる場面です。子どもは授業中だけでなく，あらゆる場面でしつけていかなくてはなりません。最初のうちは，何度も例示したりほめたりやり直しをさせたりして定着を図ります。
　また，定期的に同じ観点で観察すれば成長のバロメーターとしての機能を果たします。ぼんやりと活動させるのではなく，昨日に比べてあいさつの声はどうか，立つ速さはどうか，表情はどうかなどを観察します。緩みやゆがみは，こういった些細な行動に表れますから，集団行動の崩れを判断する材料になります。
　忘れがちなのは，時間内に終えることです。だらだら活動することは時間を無駄にし，時間意識をもたずに行動することを教えているのと同じです。
　また，プログラムを簡潔にシナリオ化したものを司会から見える位置に掲示します。自分で見て進める訓練にもなります。

❶2学期・3学期

　1学期は，教師とつながり，楽しく1日が始まるようにプログラムしていました。2学期，3学期となるのに従って子ども同士，全体がつながるようなプログラムにしていきます。月曜日のプログラムを例に挙げます。
・1学期
　全力じゃんけん（教師対全員）
・2学期
　全力ハイタッチ（全力でイエーイ！と言いながら，隣や同じ班の友達とハイタッチ）
・3学期
　じゃんけん列車（曲に合わせて教室を自由に歩く。向き合った人とじゃんけん。横に手をつないでつながっていく）
　より自己開示し，より多くの友達と必然的にかかわるようになっています。

6 係・当番活動の指導

1 当番と係の位置付け

当番と係を，次のように位置付けています。

・当番…円滑な学校生活を送るために必要な仕事をする
・係……豊かで楽しい学校生活を送るためにできうる活動をする

　1年生のこの時期に，当番と係を同時にスタートするのはなかなか難しいことです。自分の役割をしっかり果たすという意味で，まずは当番から活動を始めるとよいでしょう。
　学校生活にも慣れ当番活動が軌道に乗った頃（2学期ぐらいでしょうか……）を見計らって，係活動も行っていきます。

2 当番の内容

　責任の所在をわかりやすくするために，できるだけ一人一仕事になるようにします。最初ですので，教師が当番を提示します。
　本当は当番がやらなくても機能するんだけど……というものであっても，あえて当番の仕事にします。仕事がなければ，無理やり仕事をつくって是が非でも全員に仕事が当たるようにします。どうしても仕事が見付からない時は，わざわざ鉢植えをたくさん買い込んだり，日めくりカレンダーを買ったりして当番をつくったこともありました。
　若い先生から，「ロッカーの整理整頓」「ごみ拾い」などの当番をつくるべ

きなのかという質問を受けることがあります。ロッカーの整理は、個々人が自分ですべきこと。当番任せにすべきことではありません。また、ごみ拾いも気付いた人が拾うべきでありわざわざ当番にさせることではありません。仕事はあくまでも、みんなで分担することによってより円滑に学校生活が営めるものに限定します。いくら仕事がないからといって、個人ですべきことを当番活動にしてはいけません。ちなみに、私は以下の当番をつくっていました。

・黒板消しをきれいにする当番
・朝学習のプリントを配る当番
・時間割を掲示する当番
・今日のお天気を掲示する当番
・日めくりカレンダーをめくる当番
・お花に水をあげる当番
・宿題プリントを返却する当番
・ストローの袋を入れるビニール袋を貼る当番
・フラッシュカードの順番を揃える当番
・鉛筆削りの中をきれいにする当番
・日直のネームプレートを掲示する当番
・乾いた牛乳パックを段ボールにしまう当番
・先生が読み聞かせた絵本を記録する当番
・給食メニューを掲示する当番

　28人の学級でしたので、最初はどの当番も2人ずつ配置しました。
　内容的に一人でもできるものもありましたが、順番を決めたり声をかけ合ったりしながら上手に調整させました。こうすることで安心して取り組め、共同的に仕事をする経験を積むことができるというメリットがあります。
　また、仕事は全て朝のうちに終えられるものにします。やるべきことを先

に済ますことで，休み時間を有効に使えることを学ばせました。

　全体にかかわることは優先的に行うという意識を育てることにもつながり，「仕事の仕方」の基本的な姿勢を教えることができました。

❸ 取り組ませ方

　下のイラストのように，当番ごとに分けてネームプレートを貼ります。名前も当番も両面色違いで作成します。

　仕事が終わったら，当番のプレートを裏返します。仕事を終えたかどうかが一目瞭然。できていない当番には，個別に声をかけます。

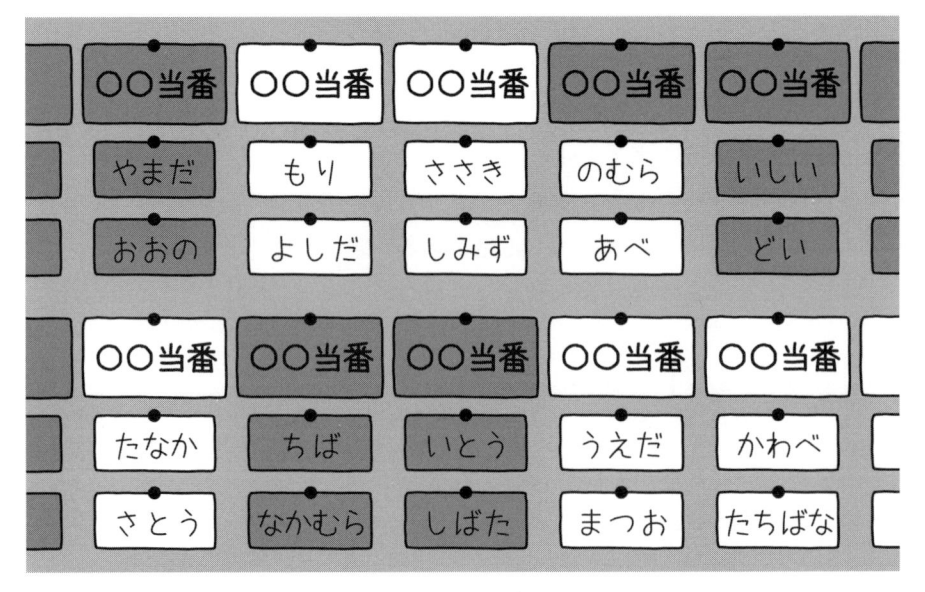

○○当番	○○当番	○○当番	○○当番	○○当番
やまだ	もり	ささき	のむら	いしい
おおの	よしだ	しみず	あべ	どい

○○当番	○○当番	○○当番	○○当番	○○当番
たなか	ちば	いとう	うえだ	かわべ
さとう	なかむら	しばた	まつお	たちばな

　大判（縦30cm 横50cm くらい）のホワイトボードに磁石を付けたネームカードを貼ると便利です。1年生でも手軽に貼り替えることができました。私は文字を大きくし遠くからでもよく見えるようにネームカードを作りました。また，それに合う大きさのホワイトボードを見付けられなかったため，直接壁に色画用紙を貼りました。その上にフックを付け，穴を空けたネーム

カードをぶら下げました。磁石より裏返す手間がかかりますが，後方の席の子からもよく見えるという利点がありました。

　余談になりますが，プレートや色画用紙の色も，教室設営で使用している色と揃えます。

　統一感のあるすっきりとした掲示物になります。

　２学期以降は，この当番の仕事と並行して係活動を導入します。

　係活動の趣旨（98ページの枠中参照）を説明し，どんな係があるとよいかたくさんアイディアを出させます。とはいえ，生活経験が乏しい１年生。そうたくさんの考えが出てくるわけではありません。教師の過去の実践例などを提示し，発想の幅を広げてあげます。１年生の考えた係の一部を紹介します。

- お笑い係（楽しいことをしてみんなを笑わせる）
- 盛り上げ係（みんなより速く大きく拍手をして盛り上げる）
- ピアノ係（発表会をしてみんなを楽しませる）
- 遊び係（全員で遊ぶ日を決めて誘う）
- 本係（おもしろい本をポスターでお知らせする）
- 肩もみ係（肩が凝っている人を楽にしてあげる）
- 絵本係（休み時間に絵本を読み聞かせて楽しませる）

　係は当番と違って，毎日行う必要はありません。しかし放っておくと，いつの間にかフェードアウトしてしまいます。予め計画の段階で活動回数を明示しておくことと，定期的にリフレクションさせることが必要です。また，月に一度は必ず活動することを取り決めとしました。活動した印としてポスターの横に★（色画用紙で作ったもの）を貼らせ，活動がきちんと行われているかを一目でわかるようにしました。月末には，翌月の活動内容などについて話し合わせ，決定事項を教室内に掲示することで，滞りなく活動することができます。

４章　入学式から１か月の全仕事マニュアル

7 休み時間の指導①
（約束編）

1 入室不可の教室

　学校には自由に出入りしてはいけない場所があります。例えば，保健室や職員室。これらは，用事がある時のみ入室してもよい場所です。

　また，音楽室や理科室などの特別教室は，大抵の場合，入室制限があります。そこには授業で使う大事な道具があり，勝手に使用してはいけません。教師の目が届かない場所での遊びも危険です。ですから，特別教室への自由な入室が禁じられていることを教えます。

　その上で，許可されている場所のみで過ごすように指導します。

2 それぞれの場所に合った過ごし方の指導

❶教室
○本を読んだり絵を描いたり，お話ししたり学習したりして静かに過ごす。
×おにごっこやおいかけっこ。ボールなどを投げる。
×友達の席に勝手に座ったり，無断でものを触ったりする。
×大声で叫ぶ。

❷体育館
○おにごっこなど，体を動かして遊ぶ。
×数名で固まって動かない。
×周りに関係なく大騒ぎ。
×ステージの上からの飛び降り。
×器具室などへの勝手な出入り。

❸図書室
○静かに本を選び，借りたり読んだりする。
×司書教諭の言うことをきかない。
×大声で話したり笑ったりする。
×走り回ったり，暴れたりする。
×出した本を片付けない。乱暴に扱う。
×貸し出し処理を受けずに，勝手に持ち出す。
×本に落書きをしたり，破ったりする。

❹廊下
○移動のために，静かに右側を歩く。静かに掲示物を見る。
×おいかけっこやおにごっこをして遊ぶ。
×走って移動する。
×大声で話したり笑ったりしながら歩く。
×用もないのに，校内をぐるぐる歩き回る。

❺グラウンド
○決められた場所で，安全に気を付けて遊ぶ。
×校地内から出る。
×駐車場や木の上など，行ってはいけない場所で遊ぶ。
×遊具を独り占めする。
×他学年の遊びの邪魔をする。

　体育館で許されていることが，教室では許されない場合があります。それは，それぞれの場所の目的に合った活動があるからです。
　「○○では○○をしてもよい」「○○ではダメ」などと短絡的に教えるだけでなく，その教室の使用目的や大きさなどから，なぜよいか（ダメか）を考えさせながら教えることが大切です。

8 休み時間の指導②
（子ども対応編）

1 一人ぼっちでいる子を見付けた時

　休み時間に一人でいる子を見ると，大人はすぐに「かわいそう」と決めつけてしまうように思います。本当に一人でいる子はかわいそうなのでしょうか？　もしかしたら，その子は一人でいるのが苦ではなく，むしろ楽しんでいるのかもしれません。

　大人だって，一人で過ごす方が気楽だったり，今日は一人で本を読みたいと思ったりする日があるはずです。ですから，すぐさま「かわいそう＝なんとかせねば」と思う必要はないのではないでしょうか。

　しかし，毎日一人で過ごすことが続くようなら，そっと声をかけてみましょう。「何読んでるの？」「どんなお話？」「わあ，かわいい絵を描いているね」

　そんな会話から，少しずつかかわりを広げていきます。そして，
「グラウンドにお花が咲いたか見に行くけど，一緒に行く？」
と誘い，一人で過ごす以外にも楽しいことがあることを知らせてみます。

　しかしながら無理強いは禁物です。休み時間はその子が過ごしたいように過ごす権利があるのですから，「学校＝常にみんなで過ごさなくてはいけない」という考えを押し付けないようにすることがその子を尊重することにつながります。

2 けんかをして教室に戻ってきた時

　学校生活に慣れてきたこの時期は，ちらほらけんかも見られるようになり

ます。ボールを独り占めしたとか，順番を守らないとか，ズルをしたとか，大人から見ると些細な理由で大げんかになります。

とはいえ，1年生にとっては大問題。泣いて怒って教室に帰ってくる子もいます。そんな時，つい慰めたり落ち着くまでしっかり理由を聞いてあげたりしたくなります。

しかし，休み時間が終われば，すぐに次の学習時間です。いつまでも一人の子にかかわっていては，次の学習を始めることはできません。

学習時間になってもけんか指導を続けていれば，「時間を守ることは重要ではない」「学習することは大切ではない」と教えてしまう可能性があります。中には「けんかをすれば，勉強時間がつぶれるぞ。ラッキー」と学習してしまう子がいるかもしれません。

では，どうしたらよいのでしょうか。

他の子には自習をさせておいて，廊下でけんかの仲裁をするという手法をとる先生もいます。これも，「授業より，けんかの仲裁のほうが大事だ」というメッセージを与えることになりますから，よい方法とは言えません。教師が目を離している教室で第二の事件が起きる……ということはよくあることなのです。教師の安全管理責任の面からしても，問題があります。

別の教師が教室に入っていればよいかというと，そうではありません。その間授業が通常通りに行われないのは由々しきことです。

連れ出された子に対して「けんかをするよくない子」「先生を独り占めするなんてずるい子」と，よくない評価をする子だっているでしょう。

何より，その子が廊下で指導されている間の学習権は誰がどう保障するのでしょう。日本国憲法では，誰しもが平等に教育を受ける権利が保障されています。そんな大げさな……と思うかもしれませんが，教師の権力で学習権を奪う権利はないのだと私は考えます。

では，けんかなど無視して授業を始めればよいのでしょうか。それはそれで子どもが不信感を抱きます。問題が解決されないまま帰宅すれば，保護者も心配するでしょうし，子ども自身がつらい思いをします。学校でのけんか

は解決してから帰宅させるのが基本です。持ち越させてはいけません。
　私はまず，怪我はないか，痛い思いはしなかったかを聞きます。それから経緯を聞きます。
　「近藤くんが，ボールを貸してくれない」
　「真由美ちゃんが遊ぼうって言ったのに，遊んでくれなかった」
というように，1番聞いてほしいことだけを話すのが1年生の特徴。まずはここを受けとめます。目を合わせて相槌を打ったりうなずいたりしながら，
　「そうか，それは嫌だったね」
　「だから悲しくて，泣いちゃったんだね」
と優しく話します。続けて
　「嫌な思いをしたことはよくわかったよ。3時間目の算数が終わったらもう少し詳しく教えてね」
と言って，席に戻らせます。相手の子にも
　「弘恵ちゃんが泣いているんだけど，算数が終わったら知っていることを教えてね」
と声をかけておきます。
　泣いている子は，先生は話を聞いてくれたし，意地悪した子にも声をかけてくれたと思います。しばらく泣いていても大げさに声をかけず，そっと見守ります。周りの子にも大げさに慰めたりせず，きっと自分の力で泣きやみ，がんばってお勉強できるから静かに待ってあげようね，と話します。
　そして，その子が泣きやんで学習に向かった瞬間を見逃さず，
　「弘恵さん，ぐっと気持ちを切り替えましたね。さすが1年生です。さあ，がんばって一緒にお勉強しましょうね」
と言います。そして，算数が終わったら，双方から話を聞き，思い込みや感じ方の違いを翻訳してあげればいいのです。こうした指導を繰り返していくうちに，気持ちを切り替えて学習することの価値や，学習すること自体の大切さをわかっていくのです。
　このように，気持ちを切り替えてやるべきことにまい進できるようなたく

ましさを育てるのも，1年生担任の大事な仕事であると私は思います。

❸ 雨天時にグラウンドで遊ぶ子を見た時

「外は雨が降っています。グラウンドで遊んでいる人は中へ入りましょう」という校内放送を聞くことがあります。

このような放送は必要なのでしょうか？

グラウンドがぐちゃぐちゃになって困るというのはあります。また，水たまりに入って泥を付けたまま校内に入られると，校舎内が汚れるから困る，というのもあります。そうであれば，雨の日はグラウンドの使用を禁止し，少しの雨だろうが徹底して外に出さなければよいのです。

あるいは，泥で汚れたまま校内に入らないよう指導を徹底すればよいのです。そして，学校には遊びで服を汚した人の着替えは常備していないこと，校内を汚した場合は自分で掃除することを指導すればよいのです。

一方で，雨の日に風邪をひかれては困るから，と考える先生もいます。健康指導は大切で，風邪予防のための声かけは必要です。ですから，雨にぬれたら着替えもドライヤーもバスタオルもないから風邪をひく可能性があることは教えます。

しかし，その先の判断は子ども自身がするものではないでしょうか。

校舎を汚して掃除するのは嫌だとか，雨にぬれて風邪をひくのは嫌だとか，そう思って遊ばない選択をするのは子ども自身です。掃除をしても風邪をひいても遊びたいから遊ぶ，そう選択するのも子ども自身であるべきです。

やってみて失敗したら，次は違う選択をするかもしれません。判断をする基準をこちらで教えることは必要でも，判断をしてやり失敗させないことは子どもの成長を阻害するものだと私は思います。

9 給食指導の仕方①
（準備・片付け編）

1 時間設定と枠と場づくり

　子どもの人数と学校のシステムにもよりますが，準備に費やせる時間は概ね15分間というのが妥当なラインのようです。まずは，子どもたちに15分間で準備を終えるという時間枠を伝えます。
　そして給食当番がスムーズに動けるように，図のように中央部分が広くなるように机を配置しました。

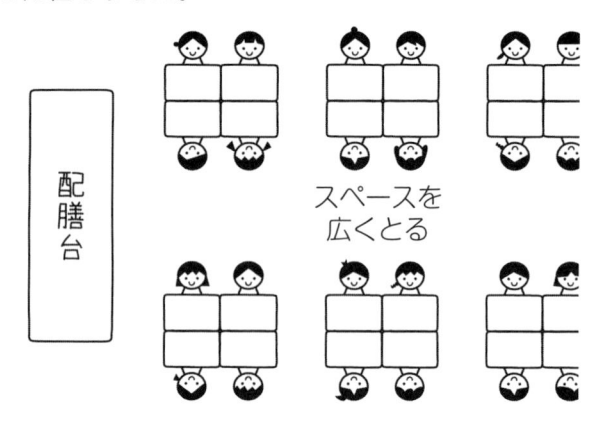

配膳台

スペースを広くとる

2 手順を教える

❶基本
・手をきれいに洗い，エプロン，三角巾（学校によってはマスク）を着けてから給食をとりに行く。
・しゃべりながら配膳しない。

- 全員に同じ量を盛り付ける。
- 当番以外の人は，座って静かに待つ。

❷温食の盛り付け方のポイント
- おたまの7分目くらいが目安。
- 下からカップを滑り込ませるようにすると，きれいに注ぐことができる。
- 万が一手にかかった場合は，すぐに流水に付ける。担任に報告するのも忘れずに。

❸おかずの盛り付け方のポイント
- 種類が違うおかずは，重ならないように置く（味うつりを防ぐため）。

❹ご飯の盛り付け方のポイント
- しゃもじの水をよくきってからよそう。
- 食器のヘリで米粒をとらない。
また，イラストのように，盛り付け前の食器をどこに置くかでも盛り付けの速さが変わる。
手が交差しないように配置するのがポイント。

❺配膳の仕方のポイント
- 袋物（調味料やデザートなど）は，グループの人数分をまとめて置く。一人一人に置くと時間がかかるばかりでなく，どこに置いてどこに置かないかがわからなくなる。
- 教室の奥から順々に配っていく。
- 人を選ばず，奥の人から順に「どうぞ」と言って配る（配られた人は，当然「ありがとう」と言う）。
- 1つずつ両手で持つ。配膳用のお盆は食器が滑りやすく，落としてしまうことが多い。また，1年生には大きすぎる上に重すぎる。

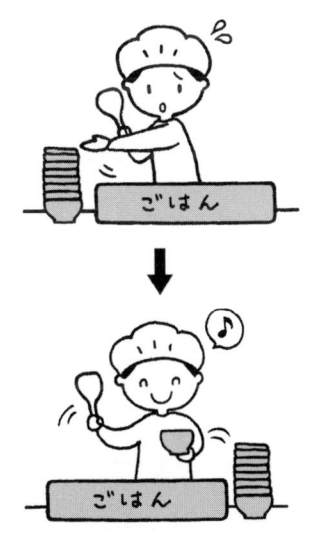

4章　入学式から1か月の全仕事マニュアル　109

③ 初日の指導再現

　担任以外の先生が手伝いに来てくださる場合もありますが，いずれは自分たちだけでできるようにならなくてはなりません。私は，先を見越してお手伝いを遠慮し，全て一人で対応します。

　方法はいたって簡単。個装されたものは一人の子が担当し，その配膳に専念させるのです。

　その他の当番は，給食ワゴンの前に1列に横並びになります。私が一人で温食を盛り付けます。手渡しだと手にかかってしまうことがあるので，1回1回ワゴンに置きます。当番はそれを1つずつ運びます。

　温食が終わったらおかず，終わったらご飯，というように順に私が一人で盛り付けます。それを順に子どもたちが配るというだけです。

④ 片付けのポイント

　自分で食べたものは自分で片付けるのが基本。人数と時間を鑑みて，食べ終えた子から随時片付けるという手法をとります。
・食器の種類ごとに重ねる。
・スプーンは向きを揃える。
・ごみは（学校や自治体の）ルールに従う。

・ごみはできるだけコンパクトにたたむ。パンの袋はせめてしばって小さくする（できれば，しばるより折りたためるようにするとかさばらない）。
・ごみから汁が落ちないように，ごみはお皿の上に置いて運ぶ。

　全員が当番になるまで，初日指導を繰り返します。美しい盛り付け方や適量を覚えさせるためです。また，スムーズに準備できる心地よさを体感させ，時間感覚を身に付けさせるねらいもあります。

　2回目の当番では，温食以外のものの盛り付けをさせてみます。家でお手伝いの経験がある子を優先させますが，日替わりで色々な子にさせます。最初から手早くきれいにできる子は多くありません。教師は温食の盛り付けを手早く終え，上手にできなかった部分をフォローします。これは，できない子にそれ以外させずに，教師が代わってやるという意味ではなく，教師は食器からはみ出てしまったものを拭き取ったり配膳しやすいように手渡したりするのです。一度任せたものを教師が交代してしまえば，子どもの自尊心をくじくことになります。言葉では言わなくとも，「あなたは手早くできないから失格」と言っているのと同じです。

　管理職から任された仕事を，
「君，やっぱり僕がやるからいいよ」
と言われたら，ああ，自分は無能なんだなあと思うのと同じです。

　しかしながら手間取っている子を見ると時間が気になり「早くしてほしい！」とイライラすることだってあります。そんな時は一呼吸おいて，子どもはうまくできないもの，時間がかかるものとしてどっしり構えましょう。そして，がんばったことや気を付けて行ったことを見付けて，感謝の気持ちを伝えましょう。そういう経験の積み重ねを経て，人のために働くことの尊さや喜びを学んでいくものです。

　3回目の当番では，温食もさせてみます。経験が少なく自信のない子には無理強いしません。うまくできない子には教師が手を添えるなどして例示しながら励ましていきます。

10 給食指導の仕方②
（マナー編）

1 人間らしく食べる指導

　私が小学校1年生の時に担任だった大野千枝子先生は，パンはちぎって食べなさいと教えてくださいました。肘をつくものではない，口にものを入れて話すな，左手は食器に添えて，など，大野先生からも両親からも，遊びに行った先の祖父母からも同じことを何度も言われました。

　内心「うるさいなあ」と思っていた私ですが，大人になってそのありがたみを実感しています。人前で恥ずかしい食べ方をすることなくいられるのは，周りの大人が厳しくしつけてくださったおかげです。

　社会では，食べ方のマナーの悪さを嗤われたり蔑まれたりすることがあります。私は，クラスの子どもたちに，そんな恥ずかしい思いをさせたくないと思います。かわいい教え子に，そんな悔しい思いはさせたくはありません。ですから，少々口うるさくなっても，人間らしく食べることの大切さを伝えます。

2 社会で恥をかかないためのマナー指導

❶座り方，姿勢

　基本的には学習時と同じです。食事中に肘はつかない，片方の手は食器に添えるという基本とあわせて，犬食いをしない，箸を持ちながら食器を持たないことも教えます。

　また，足や腕を組んで食べるのもマナー違反。靴を脱いだり歩き回ったりすること，あちこち向いて食べるのもはしたない行為であることを教えます。

❷お箸の持ち方

　本来，お箸の持ち方などは家庭でしつけるべきことです。

　しかし昨今は，きちんと箸の持ち方を教えられている子は多くないのが現状です。お箸を握りしめたり交差させたりして持つ子が多いことに驚きます。この子たちがこのまま大人になったら……どこかで恥ずかしい思いをするかもしれません。何とか給食時間でしつけたいものです。

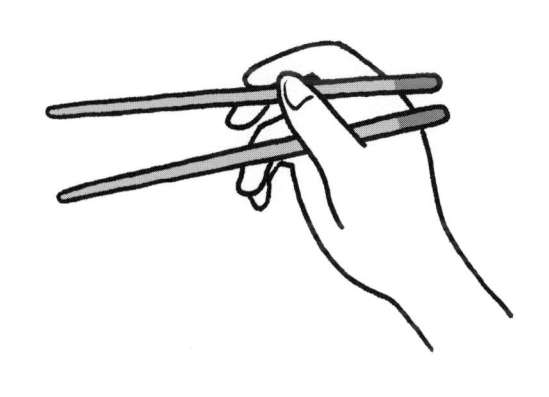

　とはいえ，ご家庭で矯正できなかったのですから，給食時間の指導でどうにかできるとは，なかなか考えにくいもの……。

　でも，思い出してください！　1年生にとって小1担任は，特別な存在だったではありませんか。しかも，入学したての1年生は，意欲に満ち満ちているではありませんか。

　入学までの6年間でついた悪癖を改善できるチャンスは，もしかしたら人生で，この時しかないのかもしれません。

　であるとするならば，初日の給食指導で，お箸の持ち方について，ビビビとくるようなインパクトのある指導をしたいものです。

❸会話・話題

　レストランやお店で食事をしている時，大声で話したり笑ったりするグループと居合わせて，そのうるささに辟易した経験はありませんか。

　学校は小さな社会ですから，社会で敬遠される行為を学校で認めてはいけません。「グループの人とだけ話す」「グループの人にだけ聞こえる声の大きさで話す」ことが基本です。

　そして，食べている人が不快な思いをしない話題を選ぶこと，遠く離れた

席で会話したり目配せしたりするのもはしたないことであると教えています。
　また，おしゃべりがすぎて食べるのがおろそかになってもいけないことを話します。

❹お残し
　日本では食べ残しをしないことがより礼儀正しいとされています。1年生にも盛られたものは残さず食べるのが基本だと教えます。
　しかし，中には食の細い子もいます。嫌いなものを無理して食べさせると嘔吐してしまう子もいます。そういう場合には残すのではなく，事前に量を調整する指導をします。
　だからといって，全く食べないのはいけません。食の細い子は最大限がんばって食べられる量を，嫌いなものがある子は1ミリでもいいから食べなさいと指導します。食べ物をいただけることへの感謝の気持ちもあわせて指導したいものです。

❺おかわり
　完食した場合は，給食終了時刻5分前までは誰でもおかわりをすることができるというルールにしています。
　好きなもの，おいしいものはついつい早い者勝ちになりがちです。
　しかし，独り占めせずみんなで分け合って食べることは，人間として大切なことです。周りの様子を見ながら譲り合って食べられるようになるまで，担任がそばに付いて調整します。

❻片付け
　お箸の持ち方同様，ご飯粒を残さず食べられない子も増えていると感じています。ご飯粒を食器に残さずに食べるには，お箸でお米をまとめながら食べる習慣をつけることです。こうしつけられていない学年は，高学年になっても平気でご飯粒を付けたまま食器を返却します。食べ物を大事にいただくという点でも，必ず身に付けてほしいことです。
　食器は丁寧に扱うよう指導します。がちゃがちゃと音を立てずに，丁寧に返却するように指導します。

また，ごみも美しくはみ出ないように戻すことが大切です。当番や調理員さんたちに手間をかけさせない気配りをさせたいものです。

　1年生の給食指導は，基本的にずっと付いて見て，教え続けなくてはなりません。一度口で言ったからといってできるわけではありませんし，一度できたからといって身に付くわけでもありません。

　根気よく，繰り返し教えるしかありません。その中でできたことをほめ，ともに喜ぶうちに身に付いていくものです。

　ですから担任は，各グループを回って子どもと一緒に食事をします。食べ方のマナーをそばで教えるのです。

　ゆっくり味わっている暇はありません。誰よりも速く食べ，即座に全体指導をしながら片付け指導をするのです。なかなか骨の折れる指導です。

　こうした地道な指導が実を結び始めるのが1学期の終わり頃。クラスの半数以上の子が，教師の指示通りに行動できるようになってきます。

　そうなると，教師は少し離れた場所で観察し見守るようにします。全てを指示，注意されなくても自分で考え判断しやってみるという経験を積ませるためです。失敗したり間違ったりした時には，教え正せばよいのです。

　ところで，右上の写真が何だかわかりますか？　これはキウイの皮。「元は食べ物だったのだから，捨てるものでも美しく」という指導を繰り返した結果，自分たちで考えてやってみたわけです。行ったのは5年生ですが，1年生にもこんな美意識を育てていきたいですね。また，残ったごはんもこんなふうにきれいにまとめると，食べ物への感謝の気持ちが見えると思いませんか？

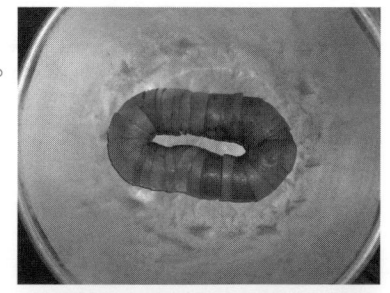

4章　入学式から1か月の全仕事マニュアル　115

11 掃除指導①
（仕事の進め方・道具の使い方編）

❶ 仕事の分担と，内容を教える

　勤務校では給食後に20分間の掃除時間が設けられていました。ですから掃除をしない子はおらず，全員に何らかの仕事を割り振る必要があります。
　28人を7つのグループに分け，以下のように輪番で仕事をさせました。

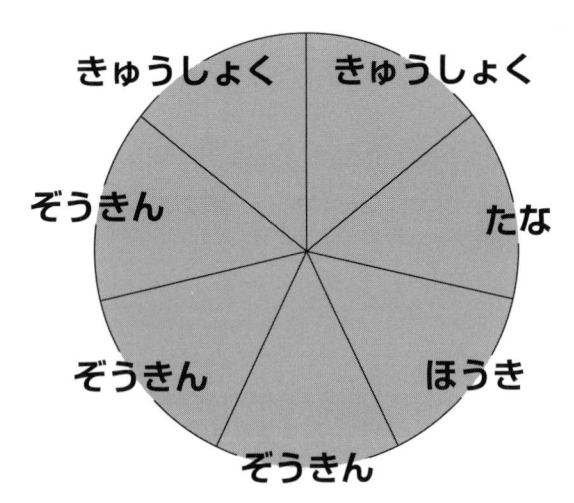

❶「きゅうしょく」の仕事
・食器を返却する　　　　・ワゴンを返却する
・ワゴンを拭く　　　　　・牛乳パックを洗う
・廊下掃除
❷「たな」の仕事
・黒板清掃　　　　　　　・棚拭き
・かばんロッカー拭き　　・戸口のガラス，鏡磨き

・机拭き
❸「ほうき」の仕事
　・教室を掃く　　　　　　　　　・ごみ捨て
❹「ぞうきん」の仕事
　・雑巾がけ　　　　　　　　　　・雑巾洗い，水捨て

　初めのうちは，「どんな仕事があるのか」「どんな仕事をするのか」「誰がするのか」を明確にして行います。
　「仕事がわかる」「自分の役割がわかる」ことで，空白の時間をなくすことができます。

2 道具の使い方を教える

　次に，掃除用具の使い方を教えます。
　1年生は雑巾を絞ったり，箒で床を掃いたりする経験がほとんどありません。まずは道具の正しい使い方を教え，覚えさせることからスタートします。ここで教えたことが，6年間の基礎になります。正しい使用方法が身に付くように教えます。

❶箒の使い方（ごみの掃き方，集め方）
　箒の役目は，ごみを前から後ろに移動させることです。これがわかっていないから，箒を振り回したり床を滑らせたりするだけで「箒で掃いた」と思っている子が多いのです。
　箒の役目を理解させるために，次のように説明します。
①黒板に長方形を描き，教室に見立てます。
②その中に，小さな正方形を置きます（裏に磁石が付いていて，移動可能なもの）。
　これを，ごみに見立てます。
③箒のイラストを動かしながら，実際に掃くようにごみを前から後ろに移動します。

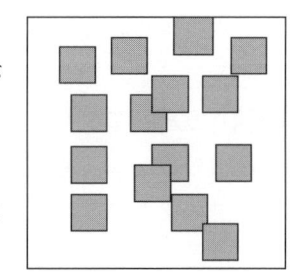

④この時，前のごみを後ろにずらして移動させているだけであることを教えます。

⑤移動を続けていくと，ごみが1か所に集まります。

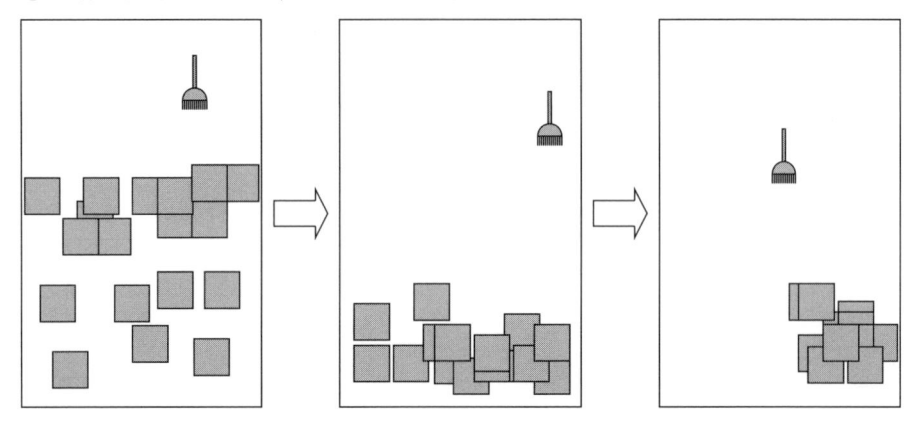

❷箒の使い方

・進行方向と平行になるように穂を向ける。
・穂を押し付けたり，大きく振り回したりしない。
・端から順序よく，隙間なく掃く。
・箒は横に動かし，床をなでる感じで。

※自在箒も基本的には同様です。上に足を乗せて体重をかけると，すぐに毛先がつぶれてしまうので注意。

❸雑巾の使い方

雑巾の役目は，汚れを雑巾に移すことです。これがわかっていないと，雑巾を滑らすだけで「拭いた」つもりになります。しっかり汚れを移すには，まずは正しい絞り方から教える必要があります。

【雑巾の絞り方】
・雑巾を縦長にたたむ。
・雑巾を縦にして，右手を上（逆手），左手を下（順手）にして持つ。
・手首を内側に絞り込むようにねじる。

【拭き方】
・二つ折り，または四つ折りにする。雑巾が平らになるようにたたむのがポイント。
・雑巾の上に手を広げて，力が均等に配分されるように置く。手がすっぽりおさまるくらいの大きさのたたみ方を指導する。
・端から，順序よく拭き進める。

❹ちりとりの使い方（ごみの取り方）
・床に対して，斜めにちりとりを置く。
・ごみをそっと移動させるように，ちりとりの中に入れる。
・一度で取りきれない時は，ちりとりを後ろにずらして取る。

　その他，モップや掃除機，床モップなどが配置されている学校もあるでしょう。
　私は，これらは子どもには触らせず，教師のみが使うようにしました。
　まずはどの子も基本的な掃除用具できちんと掃除ができるようになってほしいこと，基本的な用具を上手に扱えるようになると自ずとこれらの用具も扱えるようになること，だからあえて初めから扱わせる必要はないと考えたことが理由です。

12 掃除指導②
（掃除の手順編）

1 掃除の大きな流れ

　まずは，大きな流れを説明します。実際の掃除を始める前に，一斉に指導します。

　図のように，「ほうき」と「ぞうきん」の流れを並列し，時系列を示します。大きめに印刷し掲示しておけば，これを見ながら自分たちで掃除を進めることができます。

　ちなみに，図中の「ぞうきんあらい」とは，みんなの雑巾を洗う仕事のこと。担当者が洗うことで，混み合わず時間短縮が望めます。また，丁寧に個別指導ができます。

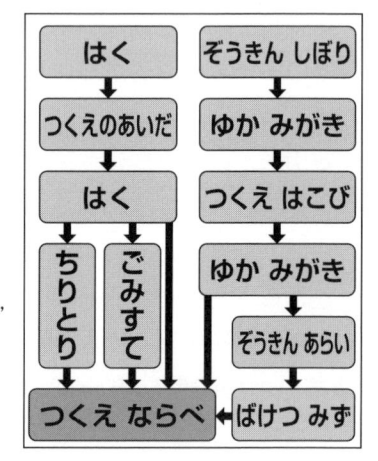

　このあと，実際に掃除を行いますが，教えた通りになどまずできません。まずは，教室掃除の仕方を覚え，自分たちだけでもできるように育てることが先決です。教師が先頭に立って箒で掃き，雑巾で拭き，机を運ぶ姿を見せます。こうすることで，頭で理解したことを映像で理解し，実際にやりながら身に付けていくのです。一朝一夕でできることではありませんので，毎回丁寧に指導することが肝要です。

2 掃除が終わったら

　掃除用具を整理整頓できるように，モデル写真を掃除用具入れに貼っておきます。そして，これと同じように片付けることを事前に指導しておきます。

箒を下げるひもの長さを揃えておくこと，小物のかごを置いておくことなども，美しく用具整理ができるポイントです。掃除用具の使い方が身に付き，担任不在時でも滞りなく掃除ができるようになったら，私は「自問清掃」を取り入れます。 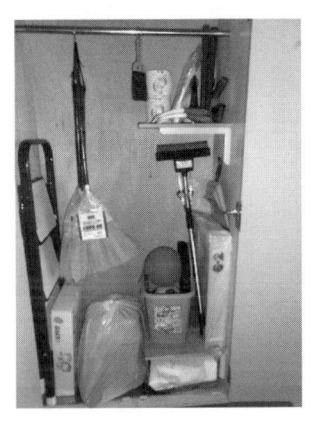
　自問清掃とは，端的に言うと「指示，命令，注意，称賛をせずに，子どもの内的自発性を高める」活動です。
　紙幅の関係上，詳細な説明は割愛しますが，掃除をよくできる子にすることが目的ではなく，掃除を通して，ねばり強さ，気働き，創造性，感謝の心，正直な心などの道徳性を高めていくことを目的とします。平成20年学習指導要領（小学校指導要領特別活動）において，「清掃などの当番活動等の役割と働くことの意義の理解」と初めて掃除について明示されました。
　それまでは学習指導要領には「掃除をしなくてはならない」という記述がありませんでした。ですから，なぜ学校で子どもに掃除をさせる必要があるのかが論じられることもなく，ただ習慣的に行われてきたのです。
　「自分たちの使ったところを自分たちできれいにするのは当たり前だ」「自分たちの学校なのだから，大事にしよう」という価値の押し付けではなく，掃除という教育的活動を通してどんな力を育むか，どんな子どもを育てるかという教育観をもつことが大事だと考えます。そして，その教育観が自分の全ての指導の中で一貫性があるかを鑑みることも大切です。 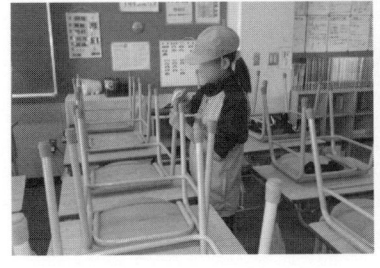 
参考文献：『子どもが輝く「魔法の掃除」「自問清掃」のヒミツ』平田治・著，三五館，2005年

13 学級通信の出し方

❶ 学級通信の機能

　多くの保護者は，学級通信を発行してほしいと願っています。なぜでしょうか。

　保育園や幼稚園では，定期的に園の様子を知らせるお便りがあります。また，園での様子を個別にお知らせする連絡帳もあります。お迎えなどで保護者と先生が会う機会も頻繁にあります。

　そのため保護者は，園で何があったか，人間関係はどうか，どんなことを学んだか等を随時把握することができます。

　しかし，子どもが小学校に入ると教師との接触が極端に少なくなります。個別の連絡帳に毎日の様子が綴られることもありません。保護者は，子どもの様子から察するか，子どもが話すことからしか学校の様子を把握することができなくなります。

　全ての子が学校での出来事を話すわけではありません。話し下手な子の保護者は極端に情報が少なく，「ママ友」から情報を仕入れるしかありません。「ママ友」だって，情報の入手先は子どもです。多くの子どもは子どもなりの見方で，断片的な捉え方をします。出来事の前後が欠落していたり，事実と全く違っていたりということも珍しくありません。そのまた聞きですので，いつのまにか事実がねじ曲がって耳に入ることも珍しいことではありません。

　1年生の保護者は，客観性のある情報にあまりふれられない状況にあると言えます。そのこと自体に不安を抱く場合もあるし，逆にわからないからいやという無関心を招く場合もあるのです。いずれにしても，定期的に学校での様子をお知らせすることが，必要と言えるでしょう。

❷ 子どもの姿が見える学級通信

学校での様子をお伝えするというコンセプトがあるのですから，単なる連絡やお願い，お知らせだけの通信ではその機能を果たしません。写真や文章で，その場面を思い描けるような通信をめざします。学級通信というと，何か特別な出来事を書かねばならないように思いますが，決してそうではありません。日常の出来事をただ書き綴るだけで十分です。

右の通信は，授業の一場面です。どの教室でもある，ごく普通の授業風景です。保護者が見ることのできない事実を，まるで「地の文」のように書きました。

その事実に担任としての思いや考えを書き足すことにより，事実への価値付けをしています。保護者は，学習の様子を知ることができると同時に，担任の指導方針や教育観にふれることになります。

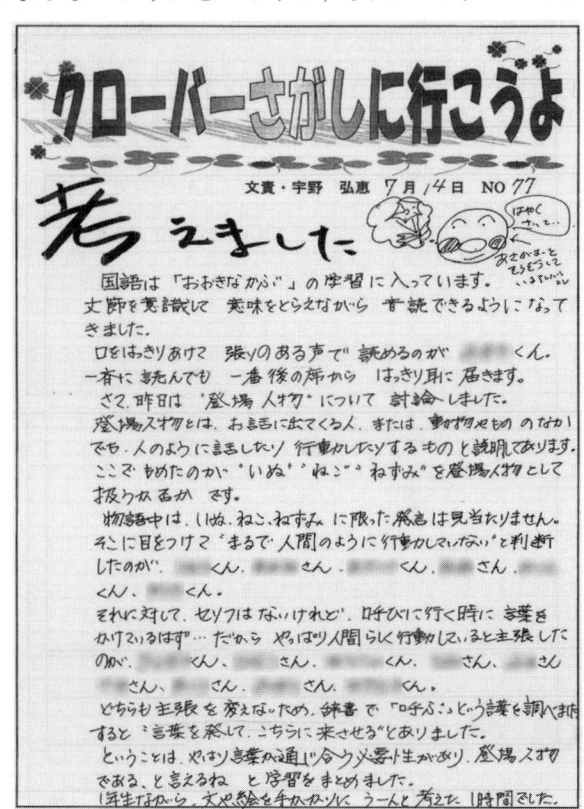

また，行事の時にはふんだんに写真を載せます。時系列順に写真を並べながら，ところどころに説明を入れます。写真に吹き出しを付け，担任の想像のせりふを言わせるのもなかなか受けがよいです。もちろん，その子を貶めたり笑ったりするコメントはNG。行事後に，保護者のメッセージを掲載したり，行事に前にコメントをお願いしておき，それを記載したりするのもおすすめです。他の保護者とまだ関係ができていない保護者が他の人はどう考えているかを知る機会になります。

❸ どうやって通信を出すか

　定期刊行にする利点は，担任がコンスタントに子どもを見ていることをメッセージとして伝えられる点です。毎日である必要性は全くなく，自分が決めた日に定期的に発行することが望ましいです。

　参考文献：『学級通信を出しつづけるための10のコツと50のネタ』石川晋・著，学事出版，2012年

私は毎日発行していますが，毎日続けるためのいくつかの工夫があります。

　1つ目は，手書きであることです。紙とペンさえあれば場所を選ばず書くことができます。また，面倒な字数合わせや図の挿入などで手こずることもありません。

　2つ目は，文章量が少ないということです。B5の用紙に書き，A4に拡大して発行しています。文字数で言うと，およそ30字×25行。読みやすいように改行しているので，文字数はもっと減ります。

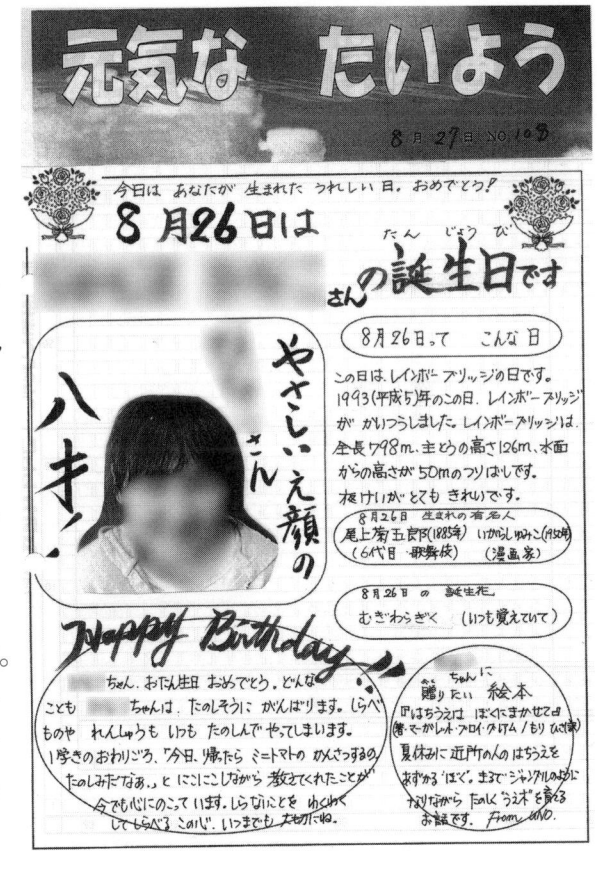

　3つ目は，書く時間を決めていることです。書く時間とは，書く時間帯と書き上げる時間のことを指します。私は放課後の誰もいない教室で書きます。子どもたちが残した空気を感じながら一気に書き上げます。場所を変えて改めて書くのは億劫なので，放課後の10分間で書くと決めています。

　4つ目は，書く前に書くことを決めていることです。通信に，いつ誰を記載したかを記録しています。登場回数が少ない子がいたら，翌日その子を中心に観察します。また，日々の出来事を記録する中で，通信に載せることを決めてしまいます。

4章　入学式から1か月の全仕事マニュアル

14 児童の見取り

① 見取り方

　子どもを理解するためには、日々の記録が欠かせません。集団（A）と個人（B）の両面から記録をとります。

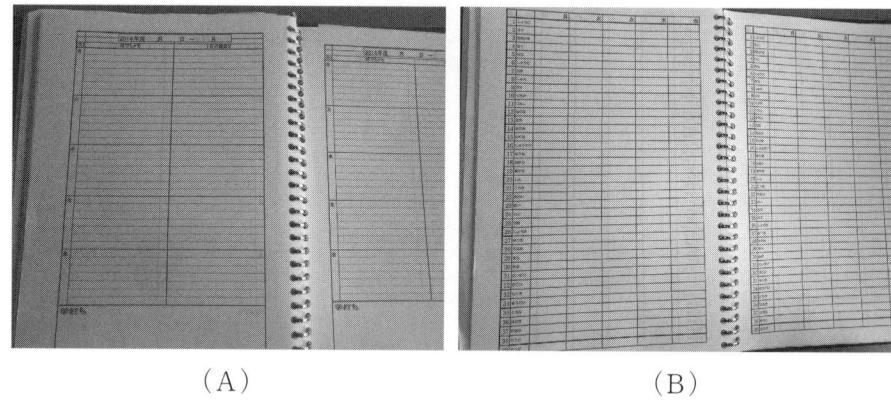

　　　　（A）　　　　　　　　　　　　（B）

　（A）にはその日1日がどのような1日であったかを記録します。集団としてどういう動きであったか，教室がどんな雰囲気だったかを記します。時期によっても変わりますが，年間を通して以下の観点で記します。

　いずれも，子どもが帰った後の放課後にまとめてとるのが基本ですが，気になることは随時メモをとります。

・朝の時間（準備は素早くできるか，かばんをロッカーにしまっているか，準備終了後落ち着いて読書しているか）

・あいさつ（元気に笑顔であいさつができているか。声が揃っているか）

・朝の会の連絡（すぐに教師のほうを向いて話を聞けているか）

- 給食（素早く準備できるか，座って待っているか，時間内に食べ終えられるか，片付けが丁寧でスムーズか）
- 掃除（時間内に終えられるか，雑巾が放置されていないか）

　（B）は，個人の見取りです。その日の特徴的なことを記します。例えば，「文字を丁寧に書いた」「準備が素早かった」など。テーマを決めて見ることもありますが，多様性を見るということでその日の印象に残ったことを記すことにしています。

　これらも放課後の教室で行います。記録を見返すと，同じことばかり記載していたり，小さな変化を見取れていなかったりなど，視点の偏りに気付かされます。

　また，よさも課題も両面もち合わせて一人の人間であると考えますので，両面の記録を残すように心掛けます。

❷ 見取りの活かし方

　記録を積み重ねることによって，児童への理解が深まります。子どもによっては，特徴的な行動をとるサイクルがわかったり，背景が見えたりすることもあります。

　具体的な活用方法としては，学級通信で取り上げたり，通知表の所見の材料にしたりすることができます。また，個人懇談やトラブルがあった時の資料としても活躍します。学級経営を俯瞰するのにも効果的な材料となります。

　ただし，個人名が入っているものは，保管に注意が必要。ぱっと見ても自分にしかわからない記載方法の工夫も必要です。また個人情報に関する資料は自治体のきまりに沿って適切に保管します。

15 学習準備定着のための指導

1 準備の方法を知らせる

　スムーズに学習をスタートさせるためには，事前の準備が必要です。まずは，学習準備とは何かを教えます。

・使ったものをしまう
・次に使うものを出す
・教科の場合，ノートに日付とタイトルを書く
・机上を美しく整える

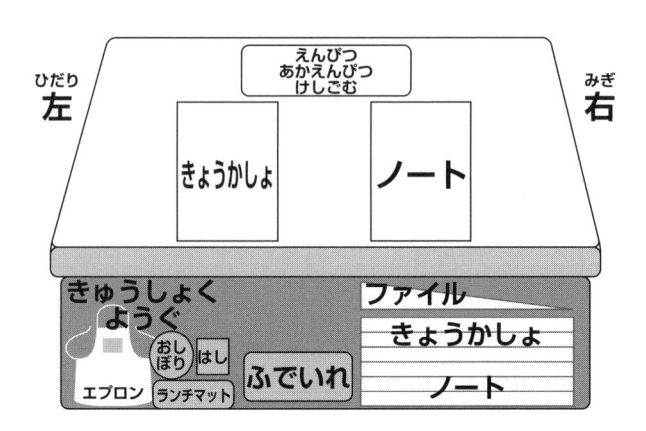

　上に示した画像をしばらく，授業のたびに掲示します。できるようになってきたら掲示をやめます。そして，自分で考えてできたことを一緒に喜びます。

❷ 覚えさせる

　中休みや昼休みを控えていると，早く遊びたいと気持ちが急いてしまい，準備を忘れてしまいがちです。掲示物があるだけでは意識できないことが多いので，授業の終わりには，次のように声をかけます。
「算数の準備をした人から遊びに行きます」
　そうすると，大抵の子は先に示された通りに準備してから遊びに行きます。しかし，教科書とノートを載せただけで出て行ってしまう子も中にはいます。その場合は，
「算数の教科書を出します。ノートを開きます。日付とタイトルを書きます（黒板にも明示）。鉛筆と消しゴムを揃えます。できた人？（確認する）はい，遊びに行きます」
というように，小さなステップで確認してあげます。
　休み時間が始まってからこれをやっては子どもがイライラします。できるようになるまでは，前の時間を１，２分早めに切り上げて準備させるとよいでしょう。

❸ 身に付けさせる

　できるようになったな……と思った頃，崩れ始めるものです。なかなか定着させるのは難しいものです。何となく日々が流れていくと，崩れていることに気が付きにくいものです。毎日気を付けて記録していく，３時間目，５時間目の始まりは特に気を付けて観察するなどの方法をとります。
　その結果，全体的に崩れている場合は，小さなステップに戻って行う必要があります。
　身に付かないのが特定の子の場合は，やはり個別指導が必要です。必要なのが全体的な指導か個別指導かの見極めも大事です。

16 教科書の扱い方指導

❶ 教科書を大事に扱う指導

　文部科学省は，教科書無償給与制度について次のように趣旨を述べています。
　「義務教育教科書無償給与制度は，憲法第26条に掲げる義務教育無償の精神をより広く実現するものとして，我が国の将来を担う児童・生徒に対し，国民全体の期待を込めて，その負担によって実施されています」
　1年生にこの趣旨を理解させるのは難しいことです。しかし，無償で配られていること，それには，教育の無限の可能性を信じる心と，子どもたちへの愛情と期待が込められていることは伝えたいものです。そして，教科書を大事に扱い一生懸命学習できる子に育ってほしいと考えています。
　そこで，教科書くんというキャラクターをつくり，最初の教科書指導を行いました。

①黒板に，教科書くんを登場させる。
②「僕，教科書くん！　みんなと同じ1年生。よろしくね。僕の体の中には，どんなことが書いてあるか知ってるかな？」
③「算数の計算」「お勉強のこと」等の答えが返ってくる。
④「僕を読んで，たくさんお勉強してね！」
⑤「ところが，ある日……」と言って，ぼろぼろになった教科書くんを提示。
⑥「教科書くんがぼろぼろだね。どうしたのかな」と言って理由を聞く。
⑦「みんなが乱暴に使ったり，いたずら書きなんかをしたりするから，

すっかりぼろぼろになっちゃったんだ……」
⑧「教科書くんはどんな気持ちかな」と問うと，「がんばっていたのに悲しい」「痛い」「みんなに勉強してほしかったのに」等の声があがる。
⑨「教科書くんは，みんなにたくさん勉強して賢くなってほしいと願っているよ。だから，大事に丁寧に使ってね」

❷ 大事に使う方法を教える

　まず，折り目をしっかり付けることを教えます。表裏両方の表紙を，めいっぱい引っぱります。

　そのまま人差し指で「アイロン」をかけます。

　次に，中央部分を開き，中身を下にして置きます。上から背表紙をぎゅっと押し付けます。こうすることで，しっかり折り目が付き最後まで見やすくなります。
　また，名前を書くこと，投げたりいたずら書きをしたりしないことを話します。

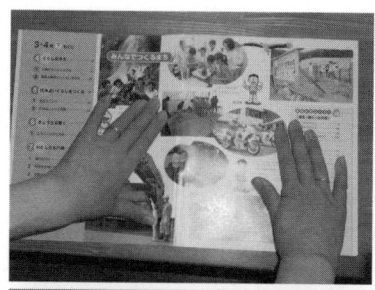

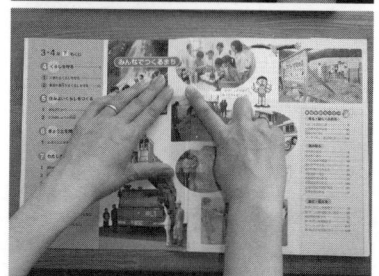

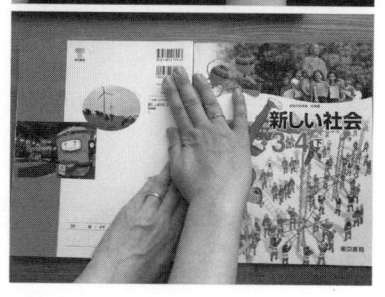

5章 行事指導の全仕事マニュアル

1 行事指導の基本

1 学校行事のねらい

　学校行事というと,滞りなく行うことや「いいもの」を行うこと,子どもたちが達成感を味わえることなどに主眼が置かれます。
　しかし,それが学校行事のねらいではありません。学校行事は,学校教育目標を具現化するために行われます。行事計画に示されている「ねらい」に沿って行事を行うことにより,学校教育目標を達成できることになっています。
　ねらいは教師も子どももわかっていて意識されていなくてはなりません。つまり,運動会で「1位をとる」ことが目標ではなく,「あきらめずに最後まで走る」「友達と力をあわせてがんばる」などのことが目標として掲げられなくてはならないということです。
　「1位をとる」とは,そうした結果でしかないのです。取組みの前に,1年生にも理解できるように話し,意識できるような指導が必要です。
　また,行事で何をさせるかの吟味も必要です。
　「おもしろそうだ」「去年もやっていた」という短絡的な選択ではなく,ねらいに沿ったもの,それを行うことによって学校教育目標に近付けるものでなくてはなりません。そして,行事を通して得た力が,日常生活の中でも活かされていくような指導が大切です。

2 行事指導の大まかな流れ

①行事計画のねらいを確認します。

②ねらいがどのように学校教育目標につながっているかを分析します。

③1年生の発達段階に応じてねらいを具体化します。

④ねらいを具現化するために，何をさせるか（種目や演目など）を決めます。

⑤ねらいを具現化させるために，どんな指導が必要か考えます。

⑥ねらいを具現化するための指導スケジュールを組みます。

⑦計画はねらいに沿っているか，実行を通して学校教育目標の達成につながっているか確認します。

学習発表会の基本事項
平成〇年度　〇〇小学校1年生

◎学校としてのねらい

> 毎日の学習や諸活動の中で培った力を総合的に表現・発表することを通して，児童全員でつくり上げることのすばらしさを会得させ，さらに向上しようとする意欲をもたせる。

◎学校教育目標との絡み
・賢い子（知）豊かに表現
・優しい子（徳）よさを認め合う
・元気な子（体）励む

◎学年としてのコンセプト
・思いきって自己開示することを通して，豊かに表現する子を育てる
・他人とテンポやリズムを合わせる経験を積むことを通して，他者意識，メタ認知力を高める
・自分の役割を精一杯果たすことを通して，自己有用感を高める
　　　　　↓
　　全力で力をあわせる経験

◎指導の流れ
・早めの台本提示，役決定
・全体練習までにせりふを完全に覚えておく
・自主的に休み時間などに練習して精度を高める

◎指導の基本
・全力を出しきらせる
・そのために，趣意説明，ゴール意識を共有する
・厳しさは大事
・成功する姿ではなく，成長しようとする姿を見取って認める

◎教師の役割分担
　別紙

学校教育目標
　↑↓
行事のねらい　←　・指導観
　↑↓　　　　　　・指導内容
内容（種目・演目など）　・指導方法
　　　　　　　　　・指導手順
　　　　　　　　　・指導スケジュール

2　運動会の指導

1　「並ばせ」に始まり，「並ばせ」に終わる

　１年生の運動会指導で最も苦心するのは，「並ぶ」指導です。
　個人競技，団体競技などで数種類の並び方をしなくてはなりません。これが，１年生には覚えるのが難しいのです。そして，素早くまっすぐ並ぶのが難しい，並んで歩くのが難しいのです。

❶初回の整列指導シナリオ
①これから，「徒競走並び」をします。
②（１列目だけを並ばせる）あなたたちの番号は「徒競走１」です（その場に座らせる）。
③（続いて２列目を並ばせる）あなたたちの番号は「徒競走２」です（帽子の色を変えて座らせる）。
④（続いて３列目を並ばせる）あなたたちは「徒競走３」です（帽子の色を１列目と同じにして座らせる。以下，奇数列と偶数列が同色になるように帽子の色を変える）。
⑤（全員整列したら）隣の人の顔と名前を覚えなさい。
⑥前後の人の顔と名前を覚えなさい。
⑦あなたの番号は？　せーの。
⑧全員起立。自分の番号が呼ばれたら座りなさい。
⑨解散後，並べる。３回目くらいからは，並ぶ向きを変える。向きが変わると，迷子になる子が出てくるので数回行う。
　ポイント１　「徒競走並び」など端的なネーミング。
　ポイント２　帽子の色で列を識別。列が崩れてもわかる。

ポイント3　立たせたままだと動く。並んだら座るが基本。
ポイント4　パターンを変えて，日を置いて繰り返す。

❷ 運動会指導の肝

　運動会の指導中，つい「どうしてできないの！」とイライラしてしまうことがあります。しかしどうでしょうか？　一生懸命やろうとしているのに，
「どうしてできないの！」
と言われたら。

　その子が一生懸命かどうかは，実は外からはわかりにくいものです。へらへらしているように見えても，その子の中では精一杯努力しているのかもしれません。

　叱責するのではなく，できるようになるための手立てをたくさん試してみることです。そして，うまくできた時には一緒に喜び，その子の成長を誇りに思いたいものです。

　1年生だからこれくらいできて当たり前と思わず，できなくて当たり前，できるようにどの子もがんばっている，という視点で指導することが，指導者側の余裕につながると考えます。

❸ 気を付けたい体調のこと・学習のこと

　運動会練習が始まると，毎日外での活動になります。移動するのも一苦労，新しい並び方を覚えるのも一苦労，外で活動するだけでも体力消耗。1年生もつかれてきます。

　つかれてくると増えるのが，けんか。そして，身に付いていた習慣の崩れ。練習期間が始まったら，活動内容を精選し，時間的にも体力的にも余裕が生まれるような指導を心掛けましょう。

　ゆったりとした中で，心の余裕も生まれてくるのです。

3 学習発表会の指導

❶ 一人で堂々と話す

　学習発表会，あるいは学芸会を自己表現の場と捉え，一人一人せりふを言わせる場合が多いようです。

　1年生にとって，大きな声で伝わるようにせりふを言うことは容易なことではありません。まだ体が小さく，声帯も十分に発達していないため，声が体育館の端まで通らない場合があります。

　それから，経験が少ないために，自分の声や話し方が相手にどう伝わるかが推し量れないことも，十分な大きさの声が出せない一因であると考えます。

　練習では，声の大きさだけでなく，適切な話し方を教えることで自信をつけて行きます。

❶初回のせりふ指導シナリオ
①全員起立。自分のせりふを5回読んだら座ります。
②全員起立。隣の人と自分のせりふを2回読んで聞かせ合ったら座ります。
③台本を閉じて言ってみます。わからなくなったら見ます。
④隣の人に台本を見てもらいながらせりふを覚えます。
⑤上手にせりふを言うポイントが3つあります。1つ目は，声の大きさです。
　（と言って，教師が見本を示す）
⑥先生と同じくらいの声の大きさで，せりふを言います。（3章8の話し方指導を基本に。一斉にさせた後，一人ずつ言わせる。「合格」「あと3倍」など個別に評価する）
⑦ポイントの2つ目は，スピードです。（と言って見本を示す。⑥の要領で全員にさせる）

⑧ポイントの3つ目は,声の高さです。(⑦と同様の手順)
⑨体育館だと思ってせりふを言います。声の大小・緩急・高低に気を付けて言います。(教師と子どもの距離をとって言わせる。安易に「合格」と言わず,修正ポイントを示す)
ポイント1　繰り返しで暗記
ポイント2　具体的なモデルを示してまねさせる
ポイント3　場をイメージしてさせる
ポイント4　常に課題意識をもたせる

2 学習発表会指導の肝

　自分のせりふは一生懸命言えても,出番がない時にじっとしていられないのが1年生。つい,教師も,
「静かにしなさい！」「しゃべっちゃいけません！」
とイライラしてしまいます。
　作品は全員でつくり上げます。全員それぞれに役割があります。
　役割とは,「せりふを言うこと」ではなく,せりふや動きやしぐさを通して役柄を伝えることです。一人一人のこうした演技が1つの作品をつくり,伝えるのです。
「お母さんガエルが泣いている時に,ザリガニ役のあなたはどう思うのか。『かわいそう』と思うなら,そう思っていることが伝わるようなしぐさをしてごらん」
と指導することによって,せりふがない場面でどうふるまうべきかを考えます。これが相手意識をもつということです。これは作品中の特別なことではなく,実際の生活の中でも同じであると考えます。日常生活で学んでやろうとしていることを,劇の中でも行うにすぎないのです。行事は日常の指導の延長なのだと思います。

4 遠足の指導

① 安全第一

　遠足で最も注意をはらうべきことは，安全に行って安全に帰ってくることです。
　「車に気を付けなさい」
　「並んで歩きなさい」
と言うだけでは，子ども自身が安全を意識することはできません。
　安全は，教師が言って守らせるのではなく，教師の指導によって一人一人が意識し守るものなのです。

❶遠足での安全指導シナリオ

①今日は遠足です。メイちゃんとペンちゃんたち１年生は，朝からわくわく大喜びです。
②わんわん先生が言いました。
　「なかよし公園までは，並んで歩きましょう」
③ところが，ペンちゃんが歩道からはみ出して歩いています。後ろからは車が来ています。どんな危ないことがありますか？（個人思考→ペア対話→シェア）
④公園に着きました。わんわん先生が言いました。
　「池の柵を越えてはいけません。危ないですからね」
⑤ところがペンちゃん，言いつけを守らないで柵を越えようとしています。その時……。
　バランスを崩して，ペンちゃんは柵から落ちてしまいました。ペンちゃんは大声で泣いています。お友達もみんな心配そうに集まってきました。

⑥この時，ペンちゃんはどんなことを考えていたと思う？
（個人思考→ペア対話→シェア）
「約束守ればよかった」「痛いなあ」「みんな心配かけてごめん」
「せっかくの遠足なのに」「まだおやつ食べてないのに」
⑦遠足で気を付けたいことを，ワークシートに書きましょう。

2 遠足指導の肝

　保護者の一番の関心は，お弁当を誰と食べたかです。我が子が一人ぼっちでいなかったかを最も気にします。

　お弁当の時間に好きなもの同士で座らせると，どうしても一人になる子が出てきます。

　遠足はプライベートでのピクニックとは違います。様々な人と円滑にかかわることを学ぶ場でもあるのです。ですから仲良しさんとじゃなければ楽しめないという意識を育ててはいけません。誰とでもその場を楽しめるように育てることが，社会でやっていける力につながると考えます。

　そういう趣旨を伝え，クラス全員で座る，生活班で座るなどの方法を選択します。

　できれば教師が答えを与えるのではなく，子どもたちがみんなと仲良くなるためにはどういう座り方がよいかということを決められるといいですね。

5 卒業式の指導

❶ じっと座っているのが大変

　卒業式指導で最も労を要するのは，長時間お行儀よく座っていることです。特に，卒業証書授与は一人一人が手渡される間，じっとしていなくてはなりません。どのように指導すればよいのでしょうか。

　残念ながら，即効性のある指導はありません。卒業式でいかにお行儀よくしていられるかは，入学からの１年間の指導の積み重ねだからです。

　卒業式の主役が６年生であること，お祝いの気持ちを表現するためにお行儀よく参加する必要性について説明することは必要です。

　しかし，この時初めてお行儀よくあることを教えるのではなく，年度当初から卒業式を意識し，礼やあいさつも含めた礼儀やマナーの指導を積み重ねることが肝要です。逆に言うと，卒業式に礼儀正しくお行儀よく参加できたなら，１年間の指導の成果があったと判断してよいでしょう。学びの基本である「聴く」力が付いた，と判断できます。

❷ 卒業式指導の肝

　人は出会ったら，いつか必ず別れる日が来ます。「一期一会」とは，だからこそ人との出会い，人との縁を大事にしようという意味です。たった７年しか生きていない１年生ですが，そんな運命の儚さに真摯に向き合い，出会いに感謝できる子に育ってほしいと思います。

　１年生にとって，６年生のお兄さん，お姉さんは頼りになる優しい存在です。入学式から，折々の行事でたくさんお世話になってきました。休み時間

に遊んでもらった子や，怪我をして助けてもらった子，重い荷物を運んでもらった子もいるでしょう。

　大規模校になると，異学年の交流が希薄で１年生と６年生のつながりがあまりない場合があります。しかし，６年生を身近に感じられることは，正のモデル，自分の成長のゴールイメージを描く上でも有効です。

　卒業間際になってから６年生とのつながりをつくるのではなく，年間を通じてかかわれるような工夫が必要です。

❶６年生との年間交流例（休み時間などを利用して）

４月　６年生によるお世話　朝，掃除，登下校
５月　１年生からの感謝のお手紙
６月　６年生による運動会のお世話
９月　１年生からてるてる坊主のプレゼント「修学旅行晴れるといいね」
11月　ペアで絵本読み聞かせ企画
１月　ペアで似顔絵かき企画
３月　さよならミニ運動会企画

❸ 思い出を綴るワークシート

　右のワークシートに，個人名を出して思い出を綴らせるのもよいでしょう。書かせる時は，６年生への思いで心をいっぱいにするために無言でさせます。

　その後，ワークシートを持ってペアやグループで話し合うことで，６年生への思いを共有することができます。卒業式練習の前に行いたいものです。

```
もうすぐ　そつぎょうしきです
　　　　　　１年　　くみ　名前（　　　　　　）
　にゅうがくしてから　ずっとおせわになった　６年生が
　もうすぐ　そつぎょうします。
　いつもやさしかった　６年生。いつもまもってくれた
　６年生。６年生との思いで　かんしゃのきもちを　たくさんかきましょう。

１　６年生にやさしくしてもらったこと，いっしょにあそ
　　んだこと，たすけてもらったこと……。おもい出して，
　　できるだけくわしくかこう。
　┌─────────────────────────┐
　│                             │
　└─────────────────────────┘
２　大すきな６年生に　かんしゃのメッセージをかこう。
　┌─────────────────────────┐
　│                             │
　└─────────────────────────┘
```

6章 保護者とのかかわり 全仕事マニュアル

1 保護者対応のポイント

❶ 保護者の身になった対応

「子どもが，今日の遠足にフォークを持っていきたいって言うんですが，いいでしょうか？」

これは，ある街のある小学校のお話。遠足当日の朝7時，1年生の保護者からのお電話でした。

この話を聞いた時に，正直「そんなことを学校に質問するの？」と思いました。何とまあ，昨今の保護者はそんなこともわからないのか……と。

でも，待ってください。もしかしたら通っていた園で「フォーク禁止」と言われていたのかもしれません。母親はお箸を使って食べさせたいのに，子どもが騒いで困って電話をしてきたのかもしれません。短絡的に「過保護」「非常識」と括ってしまうのは危険です。

保護者だって「保護者1年生」昔とは随分様子が変わりました。わからないことや不安なことがあるのは当然。困った時に学校を頼ってくださるのは，ありがたいことではないでしょうか。

1年生が徐々に自立していくように，保護者も徐々に学校に慣れ，子どもの自立を促してくれる存在になっていただかなくてはなりません。

ですから担任は，保護者の戸惑いや不安に丁寧に向き合いながらも，学校とはどういうところか，保護者として子どもとどうかかわるかを知っていただけるようなかかわりをすることが必要です。

そして，立場は違っても教師も保護者も子どもの成長を願う存在であることを忘れてはなりません。学校とご家庭が手を取り合いながら子育てをしていける関係づくりをすることを，教師が心掛けることは言うまでもありませ

ん。

　保護者が学校を信頼してくださるかどうか……。これは1年生担任の手にかかっていると言っても過言ではないのです。

❷ 保護者の本音

　ベネッセコーポレーションの『幼児期から小学1年生の家庭教育調査　報告書［2012年］』によれば，担任とのコミュニケーション量が多い保護者ほど，学校生活に満足しているのだそうです。

　また，学習を含めた新しい環境への適応の有無について，保護者の不安は多いというデータもありました。

　つまり，保護者と良好な関係をつくるためには，学校で何が起きているか，学級はどんな状況か，子どもの様子や状況はどうかを丁寧にお知らせすることが肝要なのです。

```
   満足
   ↑安心              ← こまめな
 新しい環境に適応できるだろうか……   情報提供，
                        コンタクト
```

　保護者とつながるツールをいくつお持ちでしょうか。

　学級通信，保護者会，連絡帳，日頃の電話連絡……。実は，ツールの数はそう多くはないのです。数少ないツールをいかに使いこなすか，積極的にこちらから情報開示する姿勢が欠かせないのです。

　ちなみに，過去には保護者同士の交換ノートをしていたこともありました。保護者同士をつなぐという点で，大活躍したツールでした。

6章　保護者とのかかわり全仕事マニュアル　143

2 保護者会のポイント

1 残ってよかったと思える保護者会に

　保護者はみんな，わざわざ時間をつくって残ってくださいます。ですから，「残ってよかった！」と思っていただけるような保護者会にしなくてはなりません。保護者が最も知りたいのは，我が子の学校での様子です。文章や口頭で説明する他に，画像や動画を提示するのも一案です。

　また，行事や長期休業などがある場合は，その詳細について知らせます。些細なことも質問することにより安心できるものです。

　ただしこれだけでは，単なる情報の伝達にすぎません。上にお子さんがいる場合や，「読めばわかる」と考えている保護者の足は次第に遠のきます。

　ですので保護者会に出なかったら得られなかった，という情報や経験を提供します。私は「今日の特集」として，毎回1つずつテーマ決めていました。

・4月　保護者自己紹介リレー　　・5月　生活習慣と学力
・7月　夏休みの自由研究特集　　・9月　ゲームどうしてる？
・11月　子どもへの言葉がけ　　・12月　冬休みの生活習慣
・3月　2年生の特徴

　この他にも，子育てや家庭学習の話，あるいは，研修会で学んだコーチングや脳科学の話題を提供することもあります。

　また，1年生のうちに絶対に身に付けてほしい「音読」「漢字」「繰り上がりのあるたしざん」「繰り下がりのあるひきざん」の再現授業も行いました。昔とは教え方が変わっているので，家庭でも同じように説明できると喜ばれ

ました。ただ授業を再現するだけではなく，なぜそのようにするかという解説を付けるとより説得力が増します。客観的なデータやエビデンスもあるとよいでしょう。

　魅力ある内容や情報量の多い資料を提供することにより，教師の意気込みが伝わります。「先生が熱心にかかわってくださる」という実感が安心感へと変わるのです。

○○小学校１年３組　学級懇談会資料

本日の話題
1　学級の様子
2　冬休みについて
3　時間に余裕があれば……ちょっとためになるお話
　「やる気の話」脳科学のお話から
　　　　　　　　　　　終了時刻　15：30予定

1　学級の様子

◎学習の様子
【授業の様子】
・課題や問題にどの子も一生懸命取り組みます。わからないところは，わからない，ときちんと言える子が多くなりました。わからないことをきちんと言えることはとても大切なことです。子どもたちには，「わからないことが恥ずかしいのではない。わからないのに，わかったふりをするのが恥ずかしいのだ」と話しています。わかることもわからないことも宇宙レベルで見ると些細な差です。その些細な差に傲慢になったり卑屈になったりせずに，学び続ける子であってほしいと思います。

【国語】
・ひらがな，かたかなはよく読める。書き順が身に付いていない子がちらほら……。
・音読が大変上手。上手に読むコツ→（実演します）
・『ずーっと　ずっと　だいすきだよ』言葉に忠実に。辞書の活用。

◎生活の様子
・集団としてのまとまりが出てきました。集団，社会，というものを何となく理解してきたように思います。みんなで遊んだり，全員で何かしようと盛り上がったりということが多くなりました。
　反面，自己主張が強すぎて小さなけんかも多発しています。しかしながら，自己主張ができるということはとても大切なことです。「自分は嫌だ」「ダメだと思う」「こうしてほしい」という気持ちは，表に出して初めて相手に伝わるのです。今はまだ上手に意思の伝達ができないためにトラブルになっているのです。これは，実際の人と人とのかかわりの中でしか学べないものです。大人が何でも仲裁に入って解決してあげるのは，せっかくの子どもの学ぶ機会を奪うことになります。「困った時は，先生に言えば叱ってくれる」ということになり，自分で何とかしようという意欲がなくなります。依存すれば楽ですから。今の段階は「思う存分自己主張している」段階です。何でも出させて，そこから学ばせているところです。
　ただし，必要に応じて私も介入します。
・双方から話を聞く
・双方の思いを聞く
・自分はどこがよくなかったか
などを尋ねます。その上で，「相手はどう感じるか」ということを中心に話し合ったり，冷静に「嫌だ」ということを話す，ということを伝えたりしています。目に見えて改善されているわけではないのですが，こういう経験を繰り返し，自分の行動を振り返ることで，成長していくものと考えています。

---

❷　楽しかった思いがつくるリピーター

　残ってためになったという思いと，楽しかったという思いを抱いてお帰りになれば，きっと次回も足を運んでくださるはず。

　楽しい雰囲気づくりは，場づくりから。円状に座席を作ったり，アイスブレイクから始めたり。ちょっとした工夫であたたかく楽しい場を演出できるものです。

3 家庭訪問のポイント

❶ 「始め，中，終わり」を意識する

　家庭訪問の鉄則は，「話す」よりも「聴く」ことに意識を置くことです。あいさつの後，こちらから話すのではなく，保護者が話したいことを話せるように仕向けます。

❶始め（ご家庭での様子を尋ねる）
・お時間が限られていますので，先にお母さんのお話を伺います。担任に伝えておきたいことはございますか。
・まさはるくんのご家庭での様子はいかがですか。変わったことはありませんか。
・学校のことはどのように話していますか。お友達の名前は出てきますか。
・心配されていることはありませんか。身体面，性格面，生活面，学習面などで，特に配慮すべき点はありますか。

❷中（学校での様子を伝える）
・休み時間はひろえちゃんとよく鉄棒をしています。
・新しいお友達にも，自分から声をかけて遊びに誘っていました。積極的で優しいお子さんですね。

❸終わり（担任の方針。ただしこれは時間があれば）
・学校生活に慣れてきたら，自分たちで行動したり解決したりする経験を積ませたいと考えています。

　多くの学校は，年度当初に家庭訪問を行うようです。入学間もない時期ですが，できる限りの「事実」をお伝えしたいものです。
　そこで活躍するのが，子どもの見取り表（126ページ）。日々の記録の中か

ら，特徴的な姿や成長がわかるものを右のシートに書き出します。

これを持って挑めば，どのご家庭にも学校での様子やお子さんのよさを伝えることができます。

また，話題にしたいことは，事前に通信等でお知らせしておくと保護者も準備してくださいます。

名前	
入学当時の様子	
休み時間の様子	
気になること	

2 これは要注意

・お子さんの課題はよほどのことでない限り言わない（先生は欠点ばかり見る，あまり話したくないと敵意を抱かせてしまう）。
・個人のうわさ話に乗らない（お友達や保護者，他教員のうわさや悪口は受け流す。先生も言っていた，とならないように）。
・時間通りに行う（一人時間がずれると，どんどんずれていく。残った話題は後日改めて聞く旨，予め伝えておく）。
・即答を避ける（判断しかねることは，学校にもち帰る）。

3 信用度を上げる

我が子の家庭訪問で，担任の先生が1時間以上遅れて来られたことがあります。同業者ですので，家庭訪問の大変さはよく理解できます。しかし，1時間以上も遅れたら，さすがにいい気分はしませんでした。

時間にルーズというのは，全てにおいてゆるく，適当な人柄をイメージさせてしまいます。前日におうちを確認する，タイマーを持たせていただくなど，時間を守るような手立てを講じることが大事です。

4 個人面談のポイント

1 具体的な成長を見せる

　家庭訪問とは違い，個人面談は保護者に足を運んでいただきます。お仕事をされている場合は，わざわざお休みをとって来てくださるのですから，それなりのお土産をお持ち帰りいただかなくてはなりません。
　お土産とは，「成長」をお知らせすることです。
❶お子さんの成長を見せる具体物の例
【学習面】
・文字：初めて書いた名前の隣に，現在書かせたもの
・計算：たしざんを始めた頃と，現在のプリント
・作文：文字数，表現，内容的な成長
・視写：1分間で書き写せる文字数。正確さや丁寧さ
【生活面】
・作文：内容から，成長をピックアップする
・写真：休み時間や当番などの姿
　この場合も126ページの見取り表と147ページのシートを活用します。具体物を見せながら話すのが効果的で，それを「お土産」としてお持ち帰りいただきます。そうすると，ご家庭でも話題に上がり，子どもたちもほめてもらえるというわけです。

2 課題は事実＋承認＋提案で伝える

　成長やよさを伝えるのが基本ですが，課題についてもふれます。ただ欠点

を羅列するのではなく，事実を丁寧に描写するのがポイントです。友達をすぐに叩いてしまう子を例にして考えてみましょう。
❶事実
　思い通りにできない時に，お友達を叩いたり蹴ったりしてしまうことがあります。昨日は，ボールを持って外に出たかったのですが，先に別の子が持って行ったのです。それが悔しくて，頭を2回叩きました。
❷承認
　その後，私とお話ししているうちに，本当は「僕にさせて」って言えばよかったことに気が付きました。
　落ち着いて振り返ることがちゃんとできています。お友達を叩いてはいけないこともよくわかっています。
❸提案
　これからも，気持ちを言葉で伝えられるように指導していこうと思います。でもわかっていても，なかなか思うようにできないのが人間です。ですから，これからも同じようなことがあると思います。その時は，今回のように，ゆっくり話をしながら，失敗を励ましていこうと考えています。お母さん，いかがでしょうか。
　課題をお伝えするのは，その子の課題が社会で円滑に生活する妨げになるからです。その子が憎いわけでも保護者に知らしめてやろうというわけでもありません。その子の成長を願っていることが伝わるよう，誠意をもって話したいものです。

❸　教室，廊下設営

　せっかく保護者が学校に足を運んでくださるのです。できるだけ，子どものよさを見ていただきたいと思います。
　教室や廊下の作品は，子どもたちのがんばりや成長が見えるものがいいですね。

5 初めての通知表と所見の書き方

❶ どう評価するか

　1年生の1学期は，学校生活に慣れることが一番の目標です。ですから他学期から比べると，学習の評価項目が少なく簡素化されていることがほとんどです。

　それでも，全員が同じということはなく，「よさ」や「課題」について評価しなくてはなりません。

　評価するためには，判断材料が必要です。多くの割合でテストの結果を反映させますが，それだけではたりません。

　日々の地道な観察や記録が判断材料になります。こまめにノートやプリントを集めたり，発言状況を記録したりすることが大切です。

　図工や体育，音楽は，活動させながら随時評価していく方法が効率的です。学校の評価規準に沿って評価します。

❷ 所見に何を書くか

　通知表は，「保護者に対して子どもの学習指導の状況を連絡し，家庭の理解や協力を求めるもの」です。（文部科学省 HP より引用）

　受け取った子どもや保護者が，自己（我が子）を見つめ直し，
　「よし！　次もがんばるぞ！」
と思わせる通知表であるべきです。そうすると，所見に記すことは「よさや成長の事実」と，次のステップへ進むための「課題」です。

❶子どもも保護者も元気になる通知表所見の文例
・どんな課題にも全力で向かい，決して手を抜きません。苦手なことも弱音を吐かずに行える大変ながんばり屋です。アドバイスや指導を素直に聞き，すぐに活動に活かせるため，できることがどんどん増えました。力強い文字を書けるようになりましたし，音読も上手になりました。2学期は，計算力アップに力を注ぎます。
・大変しっかりしたお子さんです。注意深く話を聞き，考え判断して行動できるお子さんです。正しいと思うこと，善いと思うことを臆せず伝えたり実行したりするたくましさも見られます。問題数の多い計算を何度も見直す堅実さもあります。お友達にも親切です。2学期はリーダーとしての力を伸ばしたいと考えています。

③ 通知表は全ての評価ではない

　通知表は，全人格や全ての可能性を評価したものではありません。学校で決めた評価の枠に当てはまる，ごく一部を評価したにすぎません。
　この枠では評価しきれない，たくさんの可能性やよさが子どもにはあることを忘れてはいけません。通知表の趣旨を保護者にご理解いただき，丸の数だけで一喜一憂し叱咤激励するのではなく，よさやがんばりを認め，課題の克服方法について一緒に話し合う材料にしていただくようお伝えします。

④ 信用度の高い通知表

　誤字・脱字はもちろん，言い回しの間違いは通知表の信用度を著しく落とします。何度も見直すシステムになっていると思いますが，手渡す前には，もう一度チェックしましょう。普段，子どもの成長のために手を尽くしているのに，文書の間違い1つで信用を落とすのは不本意です。一手間かけて，子どもも保護者も笑顔で通知表を見られるようがんばりましょう。

【著者紹介】
宇野　弘恵（うの　ひろえ）
1969年、北海道生まれ。旭川市内小学校教諭。2002年より教育研修サークル・北の教育文化フェスティバル会員となり、思想信条にとらわれず、今日的課題や現場に必要なこと、教師人生を豊かにすることを学んできた。現在、理事を務める。
共著に、『自ら向上する子どもを育てる学級づくり　成功する自治的集団へのアプローチ（学級を最高のチームにする極意）』『最高のチームを育てる学級目標　作成マニュアル&活用アイデア（学級を最高のチームにする極意）』『いじめに強いクラスづくり　予防と治療マニュアル　小学校編（学級を最高のチームにする極意）』『「ＴＨＥ　教師力」シリーズ　ＴＨＥ　学級開きネタ集』（以上、明治図書）『とっておきの道徳授業』（日本標準）『必ず知っておきたい！　若い教師のための職員室ルール』（学陽書房）などがある。

［イラスト］木村美穂

スペシャリスト直伝！　小１担任の指導の極意

2016年３月初版第１刷刊　Ⓒ著　者　宇　野　弘　恵
2023年４月初版第12刷刊
　　　　　　　　　　　　発行者　藤　原　光　政
　　　　　　　　　　　　発行所　明治図書出版株式会社
　　　　　　　　　　　　　　　　http://www.meijitosho.co.jp
　　　　　　　　　　　　（企画）茅野　現（校正）茅野・嵯峨
　　　　　　　　　　　　〒114-0023　東京都北区滝野川7-46-1
　　　　　　　　　　　　振替00160-5-151318　電話03(5907)6701
　　　　　　　　　　　　　　　　ご注文窓口　電話03(5907)6668

＊検印省略　　　　　　　組版所　藤原印刷株式会社
本書の無断コピーは、著作権・出版権にふれます。ご注意ください。

Printed in Japan　　　　ISBN978-4-18-135626-2
もれなくクーポンがもらえる！　読者アンケートはこちらから→

❶子どもも保護者も元気になる通知表所見の文例
・どんな課題にも全力で向かい，決して手を抜きません。苦手なことも弱音を吐かずに行える大変ながんばり屋です。アドバイスや指導を素直に聞き，すぐに活動に活かせるため，できることがどんどん増えました。力強い文字を書けるようになりましたし，音読も上手になりました。2学期は，計算力アップに力を注ぎます。
・大変しっかりしたお子さんです。注意深く話を聞き，考え判断して行動できるお子さんです。正しいと思うこと，善いと思うことを臆せず伝えたり実行したりするたくましさも見られます。問題数の多い計算を何度も見直す堅実さもあります。お友達にも親切です。2学期はリーダーとしての力を伸ばしたいと考えています。

❸ 通知表は全ての評価ではない

通知表は，全人格や全ての可能性を評価したものではありません。学校で決めた評価の枠に当てはまる，ごく一部を評価したにすぎません。
この枠では評価しきれない，たくさんの可能性やよさが子どもにはあることを忘れてはいけません。通知表の趣旨を保護者にご理解いただき，丸の数だけで一喜一憂し叱咤激励するのではなく，よさやがんばりを認め，課題の克服方法について一緒に話し合う材料にしていただくようお伝えします。

❹ 信用度の高い通知表

誤字・脱字はもちろん，言い回しの間違いは通知表の信用度を著しく落とします。何度も見直すシステムになっていると思いますが，手渡す前には，もう一度チェックしましょう。普段，子どもの成長のために手を尽くしているのに，文書の間違い1つで信用を落とすのは不本意です。一手間かけて，子どもも保護者も笑顔で通知表を見られるようがんばりましょう。

【著者紹介】

宇野　弘恵（うの　ひろえ）
1969年、北海道生まれ。旭川市内小学校教諭。2002年より教育研修サークル・北の教育文化フェスティバル会員となり、思想信条にとらわれず、今日的課題や現場に必要なこと、教師人生を豊かにすることを学んできた。現在、理事を務める。
共著に、『自ら向上する子どもを育てる学級づくり 成功する自治的集団へのアプローチ（学級を最高のチームにする極意）』『最高のチームを育てる学級目標 作成マニュアル＆活用アイデア（学級を最高のチームにする極意）』『いじめに強いクラスづくり 予防と治療マニュアル 小学校編（学級を最高のチームにする極意）』『ＴＨＥ　教師力』シリーズ　ＴＨＥ　学級開きネタ集』（以上、明治図書）『とっておきの道徳授業』（日本標準）『必ず知っておきたい！　若い教師のための職員室ルール』（学陽書房）などがある。

［イラスト］木村美穂

スペシャリスト直伝！　小１担任の指導の極意

2016年３月初版第１刷刊　Ⓒ著　者　宇　野　弘　恵
2023年４月初版第12刷刊　発行者　藤　原　光　政
　　　　　　　　　　　　発行所　明治図書出版株式会社
　　　　　　　　　　　　　http://www.meijitosho.co.jp
　　　　　　　　　　　　（企画）茅野　現（校正）茅野・嵯峨
　　　　　　　　　　　　〒114-0023　東京都北区滝野川7-46-1
　　　　　　　　　　　　振替00160-5-151318　電話03(5907)6701
　　　　　　　　　　　　　　　　ご注文窓口　電話03(5907)6668

＊検印省略　　　　　　　組版所　藤原印刷株式会社
本書の無断コピーは，著作権・出版権にふれます。ご注意ください。

Printed in Japan　　　　　　　　　ISBN978-4-18-135626-2
もれなくクーポンがもらえる！　読者アンケートはこちらから→